新时代新雷锋

——与时俱进弘扬雷锋精神

贺培育　伍新林　潘小刚　等◎著

目　录

绪 论　习近平总书记关于新时代学雷锋重要论述的价值导向

20世纪60年代，雷锋坚守理想信念、钻研进取、无私奉献，积极投身共产主义革命事业的先进事迹被新华社等媒体在全国范围进行广泛的宣传报道。1963年，毛泽东为雷锋题词“向雷锋同志学习”。之后，刘少奇题词“学习雷锋同志平凡而伟大的共产主义精神”。周恩来题词“向雷锋同志学习憎爱分明的阶级立场，言行一致的革命精神，公而忘私的共产主义风格，奋不顾身的无产阶级斗志”。2023年，在毛泽东等老一辈革命家为雷锋同志题词60周年之际，习近平总书记对深入开展学雷锋活动作出重要指示，强调：“新征程上，要深刻把握雷锋精神的时代内涵，更好发挥党员、干部模范带头作用，加强志愿服务保障和支持，不断发展壮大学雷锋志愿服务队伍，让学雷锋在人民群众特别是青少年中蔚然成风，让学雷锋活动融入日常、化作经常，让雷锋精神在新时代绽放更加璀璨的光芒，为全面建设社会主义现代化国家、全面推进中华民族伟大复兴凝聚强大力量。”①习近平总书记围绕雷锋精神发表的一系列重要论述，肯定了雷锋精神具有永不过时的、永恒的时代价值，阐释了雷锋精神所蕴含的丰富本质内涵，指明了新时代学习与践行雷锋精神的实践方式，为新时代中国特色社会主义精神文明建设提供了价值导向，对新时代传承与弘扬雷锋精神具有非常重要的指导意义。

---

①《深刻把握雷锋精神的时代内涵让雷锋精神在新时代绽放更加璀璨的光芒》，《人民日报》2023年2月24日。

一、习近平总书记关于弘扬雷锋精神的重要论述的核心要义

习近平总书记对弘扬雷锋精神作出一系列重要论述，从雷锋精神的永恒价值、精神内核和实践方式等方面进行了深入的阐释分析，为我们在新时代弘扬与践行雷锋精神提供了理论依据和现实指引。

（一）雷锋精神具有永恒价值

习近平总书记四次对雷锋精神的永恒价值进行肯定。其中有两次明确提出"雷锋精神是永恒的"：一次是在2014年3月11日，习近平总书记在出席十二届全国人大二次会议解放军代表团全体会议，亲切接见部分基层代表时提出："雷锋精神是永恒的，是社会主义核心价值观的生动体现。你们要做雷锋精神的种子，把雷锋精神广播在祖国大地上。"另一次是在2018年9月28日，习近平总书记在东北三省考察时提出"雷锋是时代的楷模，雷锋精神是永恒的"，要"把雷锋精神代代传承下去"[①]。2014年3月17日至18日，习近平总书记在调研指导兰考县党的群众路线教育实践活动时发表重要讲话，提出："焦裕禄同志是县委书记的榜样，也是全党的榜样，他虽然离开我们50年了，但他的事迹永远为人们传颂，他的精神同井冈山精神、延安精神、雷锋精神等革命传统和伟大精神一样，过去是、现在是、将来仍然是我们党的宝贵精神财富，我们要永远向他学习。"[②]2023年2月，习近平总书记对深入开展学雷锋活动作出重要指示，指出："60年来，学雷锋活动在全国持续深入开展，雷锋的名字家喻户晓，雷锋的事迹深入人心，雷锋精神滋养着一代代中华儿女的心灵。实践证明，无论时代如何变迁，雷锋精神永不过时。"要"让雷锋精神在新时代绽放更加璀璨的光芒，为全面建设社会主义现

①《解放思想锐意进取深化改革破解矛盾以新气象新担当新作为推进东北振兴》，《人民日报》2028年9月29日。

②《大力学习弘扬焦裕禄精神继续推动教育实践活动取得实效》，《人民日报》2014年3月19日。

代化国家、全面推进中华民族伟大复兴凝聚强大力量。”①

雷锋精神永远是我们党的宝贵精神财富。近代以来，中国共产党人带领全国人民进行革命斗争和社会主义建设的历程中，产生了井冈山精神、延安精神、焦裕禄精神、雷锋精神等伟大精神，习近平总书记充分肯定了这些精神对中国共产党的珍贵价值，指出雷锋精神等精神“过去是、现在是、将来仍然是我们党的宝贵精神财富”②。习近平总书记在总结党的百年历史时指出：“在一百年的非凡奋斗历程中，一代又一代中国共产党人顽强拼搏、不懈奋斗，涌现了一大批视死如归的革命烈士、一大批顽强奋斗的英雄人物、一大批忘我奉献的先进模范，形成了一系列伟大精神，构筑起了中国共产党人的精神谱系，为我们立党兴党强党提供了丰厚滋养。”③中国共产党人精神谱系是我们党百年奋斗历程的宝贵精神结晶，具有厚重的历史性、鲜明的整体性和时代的传承性。2021年9月，党中央批准了中央宣传部梳理的第一批纳入中国共产党人精神谱系的伟大精神，雷锋精神被纳入其中。雷锋精神中蕴含的为人民服务、坚定信念、艰苦奋斗、钻研创新等核心内涵，彰显了中国共产党人的崇高精神品质，是新时代培养时代新人的重要思想源泉，是党和人民干事创业的宝贵精神财富和强大的精神力量。

雷锋精神滋养着一代代中华儿女的心灵。习近平总书记指出：“60年来，学雷锋活动在全国持续深入开展，雷锋的名字家喻户晓，雷锋的事迹深入人心，雷锋精神滋养着一代代中华儿女的心灵。”④雷锋精神在每一个时代都具有强大的精神引领力、凝聚力、辐射力。在社会主义建设初期，中国共产党带领广大人民，以“敢教日月换新天”的雄心壮志，脚踏实地、万众一心，进行轰轰烈烈的社会主义建设。人民群众的建设热情高涨，社会急需有奉献

---

①《深刻把握雷锋精神的时代内涵让雷锋精神在新时代绽放更加璀璨的光芒》，《人民日报》2023年2月24日。

②《习近平在调研指导兰考县党的群众路线教育实践活动时强调大力学习弘扬焦裕禄精神继续推动教育实践活动取得实效》，《人民日报》2014年3月19日。

③《在党史学习教育动员大会上的讲话》，《求是》2021年第7期。

④《深刻把握雷锋精神的时代内涵让雷锋精神在新时代绽放更加璀璨的光芒》，《人民日报》2023年2月24日。

精神的人为祖国的建设贡献自己的一份力量。雷锋的精神不但影响着工厂、部队的同事，也作为先进典型影响着社会的广大群众。人民群众纷纷加入学雷锋“全民动员”的活动中，涌现出许多向雷锋同志学习的典范。如20世纪80年代，张海迪不顾自身高位截瘫，自学针灸，免费为群众治病，关心帮助残疾人，把自己的光和热献给人民。张海迪的模范事迹被《中国青年报》广泛宣传，张海迪获得了“80年代新雷锋”的美誉。20世纪90年代，出现了“新时代雷锋”[①]徐虎，他坚持在工作与学习中学习雷锋敬业、钻研、奉献的精神，坚守“辛苦我一人，方便千万家”的信念，十年如一日为居民提供服务，干一行爱一行，在平凡的工作中做出了不平凡的成绩，两次被授予“全国劳动模范”称号。在全面建成小康社会、实现中华民族伟大复兴中国梦的新时代，雷锋精神的价值与时代发展的新特征新需求紧密联系在一起。被中央精神文明建设指导委员会授予“当代雷锋”荣誉称号的学雷锋典范郭明义，坚持守岛32年的王继才，抗灾抢险的黄群、宋月才、姜开斌，科学家黄大年，廉洁奉公的廖俊波，等等，时时处处以雷锋为标杆，助人为乐、奉献社会，忠于职守、爱岗敬业，勤俭节约、艰苦奋斗，在平凡的岗位上做出了不平凡的业绩，甚至将自己的生命献给国家，这些英模人物都受到了雷锋精神的积极影响。

雷锋精神具有广泛传播价值。习近平强调，要“让雷锋精神在新时代绽放更加璀璨的光芒”[②]。2014年1月24日，习近平在出席军民迎春茶话会时，深情地嘱咐雷锋生前所在团政委吕新胜：“要把雷锋精神弘扬好。”“你们要做雷锋精神的种子，把雷锋精神广播在祖国大地上。”2014年3月11日，习近平出席十二届全国人大二次会议解放军代表团全体会议，在接见某工兵团“雷锋连”指导员谢正谊时，勉励雷锋生前所在团所有官兵都要做雷锋精神的“种子”，使雷锋精神在祖国大地上，得到广泛传播。2018年，习近平在

①《在同全国劳动模范代表座谈时的讲话》，《人民日报》2013年4月29日。

②《深刻把握雷锋精神的时代内涵让雷锋精神在新时代绽放更加璀璨的光芒》，《人民日报》2023年2月24日。

参观辽宁抚顺雷锋纪念馆时，非常关心雷锋精神走向世界的情况。

雷锋精神是中国文化软实力的生动表达，是人类共同的美好价值追求，是全人类共同的精神财富，是向世界宣传中国文化、展现中国精神、讲好中国故事的重要载体。雷锋精神不仅在全国范围内具有重要的传播价值，更是通过国际传播深深地影响着全世界的人们。据相关材料统计，截至1973年已有28个国家翻译出版《雷锋日记》和《雷锋诗文集》，包括英文版、法文版、日文版、朝鲜文版、泰文版等。目前，据不完全统计，世界上有50多个国家翻译出版了《雷锋日记》和《雷锋诗文集》，雷锋精神的世界影响力不断得到提升。雷锋纪念馆为外国友人了解雷锋提供了生动的平台。辽宁抚顺的雷锋纪念馆和湖南望城的雷锋纪念馆都配有专门的英语讲解员，留言簿上写满了各个国家游客留下的文字。湖南望城雷锋纪念馆自1968年开馆以来，已经接待国内外游客超过5000万人次，讲解接待每年达到16000多批次，馆内标有英语指引牌和解说词，并配有两名英语讲解员。美国青年女教师吴玉婷参观后发出了“雷锋属于世界”的感慨，美国青年詹姆斯留言：“雷锋精神就像一滴油，它能覆盖整个大洋，使世界更加平静。”湖南师范大学外国语学院团队对馆内的讲解词、标语、15个雷锋小故事等进行专业英文翻译并将其出版成册，为雷锋精神的国际传播提供了更专业的力量。一些外国友人还主动加入“学雷锋”大队伍。美国的罗杰斯在学习雷锋事迹后，无偿翻译了《雷锋日记》的精华部分，赠送给抚顺雷锋纪念馆，他在生活中也时刻向雷锋学习，被周围群众称为“洋雷锋”。在长春，一个由30多名外国人组成的“老外学雷锋”车队，免费送近百名购物后的市民回家。在长沙，一群戴着“西湖社区青年志愿者”小红帽的外国人，义务组织当地居民为贫困地区孩子捐献物资，还定期帮助残疾人进行听力和口语的恢复训练。2009年，10名来自美国、英国、俄罗斯、喀麦隆等国家的外国人，正式加入了抚顺市志愿者的行列，成为辽宁第一支外籍志愿者团队。

（二）雷锋精神具有鲜明深刻的丰富内涵

一方面，雷锋精神生动地体现了社会主义核心价值观。2014年3月11日，习近平出席十二届全国人大二次会议解放军代表团全体会议，在接见某工兵团“雷锋连”指导员谢正谊时指出，雷锋精神“是社会主义核心价值观的生动体现”。一个民族、一个国家的核心价值观必须同这个民族、这个国家的历史文化相契合，同这个民族、这个国家的人民正在进行的奋斗相结合，同这个民族、这个国家需要解决的时代问题相适应。习近平指出“核心价值观，其实就是一种德，既是个人的德，也是一种大德，就是国家的德、社会的德。国无德不兴，人无德不立”①。“富强、民主、文明、和谐，自由、平等、公正、法治，爱国、敬业、诚信、友善”24字的社会主义核心价值观把国家、社会、公民三个层面的价值要求融合为一个相互影响、相互促进的整体。雷锋生活的时代正是国民经济和社会发展极度困难的时期，他没有被困难吓倒，而是更加英勇地坚守在社会主义建设的第一战场，全身心地为共产主义事业奋斗，甚至甘愿牺牲自己的生命。在工作中，雷锋利用钉子般的精神不断钻研农业生产、驾驶、投弹等工作中的问题并进行技术创新，在不同的岗位上都取得了出色的成绩，曾数次获得了“模范工作者”“先进生产者”等荣誉称号。雷锋无论是对朋友还是陌生人都友善相待，他为战友缝洗床单，帮助炊事班做饭，在任何地方任何情况下遇到任何需要帮助的人，他都会尽最大的能力去帮助别人。雷锋在工作与生活中时刻保持言行一致、不欺不瞒，将理想信念落实为自己的真实行动。

另一方面，雷锋精神蕴含了志愿精神的核心内容。2019年7月23日，习近平在致中国志愿服务联合会第二届会员代表大会的贺信中写道：“希望广大志愿者、志愿服务组织、志愿服务工作者立足新时代、展现新作为，弘扬奉献、友爱、互助、进步的志愿精神，继续以实际行动书写新时代的雷锋故事。”

---

①《习近平谈治国理政（第一卷）》，外文出版社2018年版，第168页。

2019年10月印发的《新时代公民道德建设实施纲要》强调:“要弘扬雷锋精神和奉献、友爱、互助、进步的志愿精神,围绕重大活动、扶贫救灾、敬老救孤、恤病助残、法律援助、文化支教、环境保护、健康指导等,广泛开展学雷锋和志愿服务活动,引导人们把学雷锋和志愿服务作为生活方式、生活习惯。推动志愿服务组织发展,完善激励褒奖制度,推进学雷锋志愿服务制度化常态化,使‘我为人人、人人为我’蔚然成风。”2023年2月,习近平再次对深入开展学雷锋活动作出重要指示,指出要“加强志愿服务保障和支持,不断发展壮大学雷锋志愿服务队伍”。习近平总书记的重要论述揭示了雷锋精神与“奉献、友爱、互助、进步”的志愿精神内涵的一致性,两者的核心和灵魂都是全心全意为人民服务的精神。雷锋一心想着为人民服务,为他人奉献,就像他在日记中写的,要“好好地学习、顽强地工作,为党和人民的事业贡献自己的一切,做一个毫无利己之心的人”[①]。他的一生充分体现了为人民无私奉献、友爱他人、互帮互助、拼搏进步的精神品质,是志愿精神的先行者和生动体现者。

(三)雷锋精神具有人人可学的实践基础

2018年9月28日,习近平总书记在东北三省考察时指出:“我们既要学习雷锋的精神,也要学习雷锋的做法,把崇高理想信念和道德品质追求转化为具体行动,体现在平凡的工作生活中,作出自己应有的贡献,把雷锋精神代代传承下去。”[②]2023年,习近平总书记再次指出,要“让学雷锋活动融入日常、化作经常”。雷锋精神不仅有价值引领的作用,更具有广泛、真实、可行的实践基础,要在生活与工作实践中积极学雷锋、做雷锋。

一方面,雷锋精神是各个年龄都可以学的。2012年3月5日,习近平在参加十一届全国人大五次会议上海代表团的审议时提出,学雷锋活动常态

①《雷锋日记选》,人民出版社1973年版,第5页。

②《解放思想锐意进取深化改革破解矛盾以新气象新担当新作为推进东北振兴》,《人民日报》2018年9月29日。

化对青少年教育是极好的机遇，要使雷锋精神成为全社会特别是青少年的价值取向，要将学校作为学雷锋活动的重要依托，将青少年视为学习雷锋精神的重要群体。2013年5月4日，习近平在同各界优秀青年代表座谈时提到，广大青年要将道德认知、道德养成和道德实践紧密结合，要倡导社会文明新风，带头学雷锋，积极参加志愿服务，主动承担社会责任，热诚关爱他人，多做扶贫济困、扶弱助残的实事好事，以实际行动促进社会进步。要把学雷锋活动与加强未成年人和大学生思想政治教育结合起来，让学雷锋活动在广大青少年中蔚然成风。2014年3月4日，习近平在给“郭明义爱心团队”的回信中指出，“雷锋精神，人人可学；奉献爱心，处处可为。积小善为大善，善莫大焉。当有人需要帮助时，大家搭把手、出份力，社会将变得更加美好。”2014年3月11日，习近平出席十二届全国人大二次会议解放军代表团全体会议，在接见部分基层代表时，对“雷锋连”指导员谢正谊说，学雷锋活动要从娃娃抓起。习近平总书记的讲话揭示了学习、传承与弘扬雷锋精神的主体年龄特征，并不是某一个特定的年龄才可以、才需要学雷锋，而是要从娃娃开始学雷锋，特别是广大青少年要作为学雷锋的重要群体。各个年龄阶段的人都能根据自己工作、学习、生活的实际情况来学雷锋，都能主动承担社会责任，充分发挥自己独特的优势能力。

另一方面，雷锋精神是各个方面都可以学的。1990年，习近平给宁德地直机关领导干部的临别赠言中写道：“我们的工作比较繁忙，真正脱产学习的机会很少。所以，我们应当有一种雷锋的“钉子”精神，挤时间学习，争分夺秒地学习。”2003年7月17日，习近平在《树立五种崇高情感》中指出，要学习雷锋同志的幸福感。他虽然只活了二十二年，但他说：“什么是幸福？为人民服务是最大的幸福。”2013年3月8日，习近平参加十二届全国人大一次会议江苏代表团审议时指出：“我们学习雷锋的钻研精神，在抓作风上，也用了这句话，实际上，这是异曲同工的，抓落实也需要一种钻劲，真正兑现、实现，发扬钉子精神。”习近平总书记针对各个行业和领域作出了许多切实可行的指导，提出工人阶级要为全社会学雷锋做出榜样，更好发挥党员、干部模范带头作用,雷锋生前所在团要当好传播雷锋精神的“种子”,社会各界人士都要“以实际行动促进社会进步”。习近平总书记指出:“最崇高的精神往往孕育于最平凡的事业当中”1。社会上有些人看起来热情高涨地表示要学雷锋,但总是眼高手低,总想通过惊天动地的大好事来展现自己的助人能力;有的人觉得学雷锋是学生群体、有充分精力和财力的人要做的事,自己没有条件去学雷锋……这些人都没有真正了解雷锋,没有了解雷锋精神的实质。雷锋曾在日记里写过,“高楼大厦都是一砖一石砌起来的,我们何不做这一砖一石呢!”2新时代,中国“两个一百年”奋斗目标的实现,涉及社会各个行业各个领域,需要的正是甘当螺丝钉的奉献精神、在自己的工作岗位精益求精的工匠精神、为实现共产主义而全心全意为人民服务的爱国精神等为代表的雷锋精神。

二、新时代雷锋精神的价值导向

习近平总书记指出,雷锋是一个时代的楷模,雷锋精神是永恒的。实现中华民族伟大复兴,要不断闯关夺隘,也需要更多的时代楷模。3习近平总书记在参加辽宁代表团审议时指出,雷锋所具有的“信念的能量、大爱的胸怀、忘我的精神、进取的锐气,正是我们民族精神的最好写照”4。雷锋在工作与生活中,始终坚定理想信念、热爱国家,总是做一个关心同志、关心集体、奉献爱心,处处、事事、时时起模范带头作用的红旗手,他的精神为新时代的人们树立了鲜明的价值导向。

(一)要有坚定不移的理想信念

要坚持马克思主义理论的指引。雷锋几乎做到书不离身,有空就掏出来看一段,他坚信毛主席说的共产党要靠马克思列宁主义的真理吃饭,努力学习马克思列宁主义的理论和毛泽东著作,要求自己能够精通它、应用它,并在各种工作中以马克思主义理论为指引,做到理论联系实际,改造自己的思想。在发现班上新调来的同志虽然革命热情很高,工作也能吃苦，但是缺乏理论学习，政治觉悟比较低，以至于对各种问题的看法有时片面，而班里有的同志就认为他是个落后分子时，雷锋组织大家一起学习毛主席的教导："共产党员对于落后的人们的态度，不是轻视他们，看不起他们，而是亲近他们，团结他们，说服他们，鼓励他们前进。"使大家改变了对待落后同志的态度。

要坚信"更美好的共产主义社会"信念。雷锋在学习《论人民民主专政》之后，在日记里写道："我国人民在工人阶级先锋队——伟大的中国共产党的正确领导下，取得了革命的伟大胜利，取得了社会主义建设巨大成就，将来会取得一个更美好的共产主义社会。"[①]雷锋经历了抗日战争时期暗无天日的生活，其父亲参加了革命，被日本人打成重伤而去世，其母亲因为地主的逼迫而自杀，哥哥和弟弟也不幸去世。在旧社会，年仅七岁的他给地主家看猪，晚上和猪睡在一起，经常挨打挨骂。他长大后，虽然我国经济社会发展已经逐步变好，人们建设社会主义事业的热情高涨，但是全国物质仍然比较匮乏，一部分人仍然生活比较贫苦。雷锋认为他生活的时代是一个翻天覆地、千变万化的时代，是一个六亿人民精神振奋、斗志昂扬、意气风发的时代，人们应该鼓足更大的革命干劲，激发更大的革命热情，要站得高些，看得更远些，要更加积极地建设社会主义。

要坚守"为共产主义奋斗终身"的诺言。雷锋从一个吃不饱穿不暖，过着饥寒交迫的苦日子的穷苦孤儿，成长为一个有知识、有文化、有工作、不愁吃穿的优秀战士，他内心将伟大的共产党比作是抚育他成长、救他脱离苦海的慈祥母亲，他立志要"永远忠于党，忠于人民，为共产主义事业奋斗终身"[②]。在数次被评为标兵后，雷锋又将热情投入新的社会主义建设中，积极报名到鞍钢弓长岭矿山参加新建焦化厂工作，并于1959年在弓长岭《矿报》发表《我决心应召》的申请书，表达积极要求参军的坚定决心。入伍当战士后，雷锋时时刻刻都用他的行动践行着为共产主义奋斗终身的诺言。

---

①《雷锋日记》，中国青年出版社2019年版，第34页。
②《雷锋日记》，中国青年出版社2019年版，第52页。

（二）要有乐于助人的奉献精神

雷锋具有强大的奉献精神，对待同志像春天般的温暖，是一名有着深厚人民情怀的英模人物。习近平总书记充分肯定了雷锋的奉献精神，他在给“郭明义爱心团队”的回信中提到：“雷锋精神，人人可学；奉献爱心，处处可为。积小善为大善，善莫大焉。”雷锋正是在一件件或大或小的好事中，彰显着自己大爱的胸怀，真正做到了将人民的困难看作是自己的困难，不管是对自己认识的人，还是对陌生人，都始终保持着一颗大爱之心。他将舍不得吃的苹果送给住院的伤病员吃，帮助同志理发、洗衣服，为战友缝洗床单，帮助炊事班做饭，在看到部队有一个同志因为没带饭而饿肚子时，他马上拿出自己带的一盒饭给他吃，宁愿自己饿着肚子也要让同志吃得饱饱的。在坐火车出差时，他将自己的座位让给别人，看服务员忙不过来，就主动当一名义务服务员，打扫车厢、擦玻璃、倒开水，为旅客们提供各种服务。他的日记里写道：“今天我从营口乘火车到兄弟部队作报告，下车时，大北风刺骨地刮，地上盖着一层雪，显得很冷。我见到一位老太太没戴手套，两手捂着嘴，口里吹一点热气温手。我立即取下了自己的手套，送给了那位老太太。她老人家望着我，满眼含着热泪，半天说不出话来。……一路上，我的手虽冻得像针扎一样，心中却有一种说不出的愉快。”正是这许许多多的小事，给身边的人带去了温暖，引领着社会积极向上向善的力量。

雷锋认为，活着的意义就是为了别人能生活得更好。在他的眼中，全国乃至全世界的穷苦群众都是自己应该照顾与帮助的亲人。他一直将自己看作是党的儿子，人民的勤务员，凭着一股走到哪干到哪的劲，甘当有利于人民和国家的“傻子”。他把部队发放的衣物捐给国家，把节省下来的钱支援国家建设，充分体现了共产党员大公无私，永远只为革命和集体着想，不为半点个人利益的高尚情怀。他总是心甘情愿、默默无闻地做着为人民服务的好事，却不希望对他个人的事迹进行宣传报道，也从不考虑自己的名誉地位。

（三）要有争当先进的奋斗精神

雷锋曾说："青春啊，永远是美好的，可是真正的青春，只属于这些力争上游的人，永远忘我劳动的人，永远谦虚的人。"[①]1940年，雷锋出生在湖南长沙一户贫苦农民家里，年仅7岁就成为孤儿，在叔祖父母和好心乡亲们的收养帮助下艰难生活。他并没有被艰难的环境打倒，而是积极争取学习、当兵、干工作的机会，成长为一位优秀的革命战士。雷锋积极争当先进的奋斗品质，是社会主义建设时期的重要力量。

学习上"永远做群众的小学生"。雷锋一直保持着"永远做群众的小学生"的谦虚进取之心。1962年3月28日，他在日记中写道："我们要真正学到一点东西，就要虚心。譬如一个碗，如果已经装得满满的，哪怕再有好吃的东西，像海参、鱼翅之类，也装不进去，如果碗是空的，就能装很多东西。装知识的碗，就要像神话中的'宝碗'一样，永远也装不满。"[②]在湖南团山湖农场时，雷锋学习写诗，并在《望城报》上发表了第一篇文章《我学会开拖拉机了》。在鞍山钢铁厂参加社会主义建设时，被分配在鞍钢化工总厂洗煤车间当推土机手，他利用工作之余的时间，努力学习毛泽东著作等。特别是从鞍山转到弓长岭后，在繁忙的工作之余，他挤出时间学习文化知识，每天早晨学习一个小时，晚上总是自学到深夜10至11点钟，写下了近20万字的学习笔记。他还时刻虚心向群众学习，依靠群众，向处于生产实践第一线的人学习实践知识，总结出一套将理论与实践相结合的办法。

工作上"向积极性最高的同志看齐"。习近平总书记说过，社会主义是干出来的，新时代也是干出来的。马克思说过，劳动是人的第一需要。雷锋正是凭着螺丝钉一样的钻劲和挤劲，在不同的岗位上都取得了出色的成绩，在鞍钢工作期间，3次被评为先进工作者，5次被评为红旗手，18次被评为标兵，荣获"青年社会主义建设积极分子"称号。

---

①《雷锋日记》，解放军文艺出版社1963年版，第4页。
②《雷锋日记》，中国青年出版社2019年版，第56页。

生活上“向水平最低的同志看齐”。雷锋生活的时期正值国家困难时期,他将自己看作是国家的主人,处处为国家着想,事事精打细算,反对大吃大喝,力戒浪费。他在平常生活中总是尽量地减少不必要的支出,袜子穿得破了洞补了又补,牙刷用得都掉毛了还在用,将钱省出来捐给组织或者其他有需要的人。雷锋有一只随身携带的“百宝箱”(也叫节约箱),在平常生活中捡到的一些螺丝帽、碎玻璃、边角料、牙膏皮、破铜烂铁等,他都不舍得扔弃,而是装在箱子里找机会充分再利用。雷锋有被称为“三件宝”的节约箱、储蓄箱和针线包,平常用节约箱来实现变废为宝,用储蓄箱积攒一分一厘来扶贫助困,用针线包来帮自己和他人缝补衣被。同时,他有着积极向往幸福生活的美好愿望。他将时代之美总结为战士褪了色的、补了补丁的黄军装,工人油渍斑斑的蓝工装,农民满是厚茧的手,为了社会主义建设孜孜不倦地工作的人的灵魂等。他立志要做一个永远忠于党的人,“争取实现自己最美好的愿望,真正见到我们最伟大的领袖毛主席”,要“为人类最美好幸福的生活而斗争”。在雷锋的眼里,俭朴而美好幸福的生活值得我们每一个人努力为之奋斗。

三、新时代践行雷锋精神的基本取向

雷锋精神的一个突出特征就是实践性,是行动力的生动表达。雷锋做事情从来不是嘴上说说,而是真真实实地去做,不管是对共产主义的坚定信仰还是为人民服务的初心,他都时时刻刻在工作与生活中践行。学雷锋光是喊口号是没用的,要在“真学、真懂、真信、真用”上下功夫”[①]。新时代,要遵循习近平总书记的实践观,在日常的工作生活实践中,主动宣传弘扬与践行雷锋精神,做好新时代的新雷锋,让雷锋精神在新时代绽放出更加璀璨的光芒。

---

①刘超,曹一萍,仇学平:《那天,我跟着总书记学雷锋——专访抚顺雷锋纪念馆馆长李强》,《雷锋》2018年第11期。

（一）做忠实信仰者和热忱建设者

做习近平新时代中国特色社会主义思想的忠实信仰者。习近平总书记指出："人民有信仰，民族有希望，国家有力量。"[①]"一个国家，一个民族，要同心同德迈向前进，必须有共同的理想信念作支撑。"[②]在全国宣传思想工作会议上，习近平总书记再次对雷锋的崇高信仰和坚定信念给予了高度肯定，并指出雷锋正是靠着崇高信仰和坚定信念，才真正兑现了为党和人民奋斗一辈子的诺言。习近平新时代中国特色社会主义思想生动体现着独立自主的探索和实践精神，贯穿着坚持走自己的路的坚定决心和信心。雷锋精神的核心内涵之一就是对党无限忠诚，对毛泽东思想真学真信真用，为共产主义事业奋斗终身。新时代新征程上，要以实际行动诠释对习近平新时代中国特色社会主义思想的坚定信仰，要学习雷锋的马克思主义信仰和共产主义信念，坚定拥护"两个确立"、坚决做到"两个维护"，要学深悟透习近平新时代中国特色社会主义思想，铸牢政治忠诚、坚定政治信仰、强化政治担当、扛起政治责任，必须坚持人民至上、自信自立、守正创新、问题导向、系统观念、胸怀天下的科学世界观和方法论，在知行合一贯彻落实习近平新时代中国特色社会主义思想中践行信仰。

做中国式现代化的热忱建设者。习近平总书记鼓励大家要学习雷锋的创新钻研精神，在抓作风、抓落实上也需要一种钻劲，真正兑现、实现、发扬钉子精神。习近平总书记在给宁德地直机关领导干部的赠言中写道，应当有一种雷锋的"钉子"精神，挤时间争分夺秒地学习。从《周易》的"天行健，君子以自强不息"，到屈原的"路漫漫其修远兮，吾将上下而求索"，先贤们的嘉言懿行提醒着我们，要时刻保持创新进取之心。面对浩浩荡荡的时代发展潮流，在全面建成小康社会的决胜阶段，我们应抱着知难而进的积极进取态度，抱着本领不够的危机意识，以"滴水穿石"的坚韧，加强学习理论知识，

---

①《习近平谈治国理政（第二卷）》，外文出版社2017年版，第323页。
②习近平谈治国理政（第二卷）》，外文出版社2017年版，第323页。

大胆创新发展模式，既要脚踏祖国大地，又要胸怀人民期待，真正地将“四个伟大”落到实处，在干部中培养一种勇于担当、敢于创新，艰苦奋斗、锐意进取的良好工作作风，加快开创中国特色社会主义建设新篇章。

广大党员领导干部要有“功成不必在我”“功成必定有我”的忘我和担当精神，要将自己看作是人民的勤务兵，树立正确的政绩观，谋事要实、做人要实，殚精竭虑、夙夜在公，将重心放打基础、利长远的事上，坚决杜绝浮躁之心。“铁打的营盘流水的兵”，我们的职业、岗位是会经常变动的，但是我们建设中国特色社会主义的伟大事业不会停顿，而且必定会步步向前发展，全国人民要以集体主义为原则，同心同德，共同培育忘我精神，促进中华民族伟大复兴中国梦的实现。

（二）做传承弘扬者和模范践行者

做中华优秀传统文化的传承弘扬者。习近平总书记指出：“文明特别是思想文化是一个国家、一个民族的灵魂。无论哪一个国家、哪一个民族，如果不珍惜自己的思想文化，丢掉了思想文化这个灵魂，这个国家、这个民族是立不起来的。”[①]文化是一个国家一个民族的灵魂，中华民族五千多年的历史长河中，形成了宝贵的中华优秀传统文化。一代代共产党人努力拼搏、砥砺奋进，创造出红色革命文化和先进的社会主义文化。习近平总书记在参观抚顺雷锋纪念馆时，强调雷锋精神体现了五千年中华优秀传统文化、红色革命文化和社会主义文化。[②]在新时代学雷锋，要做中华优秀传统文化的传承弘扬者，需要做到以下几个方面：一是要在领悟雷锋精神中传承好天下为公、大同世界的思想，弘扬雷锋“信念的能量”。雷锋之所以具有“信念的能量”，不仅仅因为他有坚定的马克思主义的理想信念，更因为他是在中华大

①中共中央文献研究室：《习近平关于社会主义文化建设摘编》，中央文献出版社2017年版，第12页。

②刘超，曹一萍，仇学平：《那天，我跟着总书记学雷锋——专访抚顺雷锋纪念馆馆长李强》，《雷锋》2018年第11期。

地并深受中华优秀传统文化中关于天下为公、大同世界的思想熏陶而成长起来的。新时代新征程上，要像雷锋一样对党的基本理论真学笃信，始终保持政治上的坚定。二是要传承好仁者爱人、以德立人的思想，弘扬雷锋"大爱的胸怀"。中华优秀传统文化中仁者爱人、以德立人的思想深刻影响着雷锋，无论对身边的熟人还是偶遇的陌生人，他都"无条件"地给予仁爱。在新征程上，要继续弘扬雷锋的"大爱精神"，坚持人民的利益至上，践行为人民服务的人生观，展现将"小我"融入"大我"的大爱胸怀，积极做人民的勤务员；要发挥"大爱无疆"的奉献精神，将爱国家、爱人民、爱民族统一于一体。三是要传承好以诚待人、讲信修睦的思想，弘扬雷锋"忘我的精神"。中华优秀传统文化中关于以诚待人、讲信修睦的思想是雷锋"忘我精神"的深层源头。新时代，要弘扬雷锋的忘我精神，坚持诚实守信，做好政务诚信生态建设和商务诚信生态建设，从娃娃抓起培育高尚人格。四是要传承好自强不息、革故鼎新的思想，弘扬雷锋"进取的锐气"。中国共产党人继承了中华民族绵延千年的自强不息、革故鼎新的优秀传统思想，这种进取锐气影响着雷锋。新征程上，要弘扬雷锋的进取精神，勇于创新，不断提高创新思维能力；要积极拼搏，直面风险挑战，不断向更高目标前进；要坚持斗争，做到"不信邪、不怕鬼、不怕压，知难而进、迎难而上"，创造中华民族更美好的未来，做好中华优秀传统文化的传承弘扬者。

做社会主义核心价值观的模范践行者。社会主义核心价值观是国家长治久安和社会稳定的基础，为国家、社会和个体树立起明确的价值引领之旗，凝聚起全社会共同价值追求的力量。雷锋的一生都在践行着作为个体层面要求的"爱国、敬业、诚信、友善"核心价值，他严格做到个人利益服从集体利益，"甘做革命的一块砖，哪里需要哪里搬"，到最艰苦的岗位锻炼自己，通过自己的实践行动，为建设富强、民主、文明、和谐；自由、平等、公正、法治的国家树立起良好的价值追求风尚。新时代，要自觉践行社会主义核心价值观，用社会主义核心价值观提升个人思想境界、规范个人社会行为、筑牢文化自信，做好社会主义核心价值观的模范践行者。

（三）做忘我奉献者和示范引领者

做乐于助人热心公益的忘我奉献者。马克思认为，人们在选择职业时，最应考虑的就是人类的幸福和自身的完美。也就是说，个人的自我价值和社会价值是统一的，只有为其他人的幸福而工作，才能使自己也达到完美。"如果我们选择了最能为人类福利而劳动的职业，那么，重担就不能把我们压倒，因为这是为大家而献身；那时我们所感到的就不是可怜的、有限的、自私的乐趣，我们的幸福将属于千百万人，我们的事业将默默地、但是永恒发挥作用地存在下去"①雷锋的世界观、人生观、价值观都反映了乐于助人热心公益的奉献精神品质，他立志要"要做一个有利于人民的人、有利于国家的人"，他的人生中做了无数的好人好事。在新时代，雷锋精神与志愿精神融为一体，以为人民服务为出发点与落脚点。新时代新征程上，要在全社会营造乐于助人热心公益的良好氛围，要激发社会各个阶层、各个群体踊跃加入志愿服务组织，营造全民参加志愿服务、开展公益活动的社会氛围；要把雷锋乐于助人热心公益的奉献精神转化为生活中处事的行为准则，从身边小事做起，从小细节做起，争做奉献社会的模范；要敢于扛事、愿意做事、能干成事，在实干中创造实绩，在爱国家爱人民、讲大爱讲奉献中成为有大爱大德大情怀的时代新人，做好乐于助人热心公益的忘我奉献者。

做立足本职岗位追求卓越的示范引领者。全球化的深入发展使得国际经济和贸易形势发生了巨大改变，国际社会各种突发事件和风险挑战层出不穷，国内社会面临着经济结构调整、转型升级，极端利己主义、消费主义、拜金主义等不良社会风气侵蚀着人们的价值观，国际国内的环境都急需人们自觉践行雷锋爱岗敬业做好本职工作、追求卓越的工匠精神，这也是新时代实现自我价值、践行社会主义核心价值观、建设中国式现代化所需要的精神。雷锋不管是当农民，还是当工人、当战士，始终做到干一行爱一行、专一

---

①《马克思恩格斯全集（第40卷）》，人民出版社1995年版，第7页。

行精一行。随着雷锋事迹在全国范围内迅速传播，立足本职岗位不断追求卓越的价值观促使全社会形成追求卓越的浓厚氛围，全国涌现出一批批大国工匠。新时代新征程上，要树立“在哪里工作就在哪里发光”的信念，把雷锋爱岗敬业、追求卓越的精神转化为自觉、自愿的普遍行动，要立足本职岗位，保持积极的工作态度，形成科学的工作方法，不断学习，明确自己的职责与使命，设立清晰的目标任务，积极与团队成员沟通合作，在培训与学习中实现知识的升级。要发挥专业特长，提升技能水平，成为行业骨干，培养独特的职业竞争力。要争当先进，在工作中为他人树立榜样和标杆，通过自身的行动和表现来引领他人共同进步和发展，做好立足本职岗位追求卓越的示范引领者。

（四）做不懈奋斗者和形象塑造者

做乐观自信向往美好生活的不懈奋斗者。习近平总书记指出：“新时代是奋斗者的时代。我们要坚持把人民对美好生活的向往作为我们的奋斗目标”[①]。人民对美好生活的需要日益广泛，既有物质文化方面的更高要求，在民主、法治、公平、正义、安全、环境等方面的要求也日益增长。追求美好生活是实现国家发展与个人目标相统一、实现物质财富与精神富裕相统一、实现当前利益与长远利益相统一的必然要求。在追求美好生活的奋斗史中，乐观自信是雷锋的重要法宝。雷锋7岁就成为孤儿，但他并没有自暴自弃，而是在党和人民的帮助培育下，积极加入少先队，主动找到路过湖南的解放军请求当兵，帮社里教夜校学生，在县委机关中，他白天积极出色地完成工作任务，晚上进行业余学习。凭着不计得失、力争上游、刻苦钻研的精神，雷锋成为社会主义建设时期乐观奋斗追求美好生活的楷模。乐观奋斗追求美好生活深刻体现了雷锋向上向善的价值追求，雷锋时时刻刻为人民群众奉献着自己的爱心，时时刻刻保持挤出时间学习的劲头。新时代新征程，要以

---

①习近平：《在2018年春节团拜会上的讲话》，《人民日报》2018年2月15日。

热爱党、热爱祖国、热爱社会主义的理想信念作为共同创造新时代美好生活的精神指引，面对日益严峻的国内外形势，必须坚定崇高理想和信念，高举中国特色社会主义伟大旗帜，走中国特色社会主义道路，弘扬并躬身践行雷锋精神。要以乐观自信、锐意进取、自强不息的奋斗精神作为共创新时代美好生活的力量源泉，在新时代面临重大困难、重大挑战、重大风险与考验的情况下，要克服“佛系”“躺平”的心态，要敢于干事、勇于挑战、善于创新。要以服务人民、助人为乐的奉献精神作为共创新时代美好生活的价值取向，坚定不移地为实现中华民族伟大复兴的中国梦不懈奋斗，做好新时代乐观自信向往美好生活的不懈奋斗者。

做中国形象的积极塑造者。习近平总书记在党的二十大报告中指出：“讲好中国故事、传播好中国声音，展现可信、可爱、可敬的中国形象”。在参观辽宁抚顺雷锋纪念馆时，习近平总书记非常关心雷锋精神走向世界的情况。他在给南京青奥会志愿者回信时指出，希望志愿者们弘扬志愿服务精神，积极传播中华文化、讲好中国故事，用青春的激情打造最美的“中国名片”，促进中国梦和各国人民的梦相通相融，共同为人类和平与发展的崇高事业作出贡献。①积极塑造中国形象是中国走近世界舞台中央的必然要求，每一个中国人的形象都是国家形象的重要展现，个体的传播是国家形象传播的重要途径，同时国家的形象又为每一个中国人的个体发展营造了良好的外部环境。雷锋是新中国国家形象的时代标志，是新中国良好的农民形象、工人形象、军人形象的优秀代表。新时代新征程，每一位中国人都应该像雷锋那样不断超越自我，拼搏进取、创新突破，做中国形象的代表者；要像雷锋那样给予世界大爱，仁爱互助、无私奉献，在倡导和维护世界和平、扶危济困中做中国形象的传播者；要像雷锋那样敢于斗争，强化斗争意识、斗争本领，明确重点斗争领域，讲究斗争方式，做中国形象的维护者，以实际行动做好中国形象的积极塑造者。

①《习近平给“南京青奥会志愿者”回信》，《人民日报》2014年7月17日。

第一章　做习近平新时代中国特色社会主义思想的忠实信仰者

作为中国共产党人精神谱系重要组成部分的雷锋精神，包含着十分丰富的精神内涵。万山磅礴有主峰，在其丰富的精神内涵中又有其鲜明的精神内核，就是对马克思主义信仰无比坚定，对共产主义理想无比向往，对社会主义祖国无比热爱，对中国共产党无比忠诚。雷锋精神的主要内涵为"信念的能量、大爱的胸怀、忘我的精神、进取的锐气"，其中"信念的能量"位居首位。新时代，我们学习弘扬雷锋精神，最为首要的就是要从雷锋精神中汲取信仰的力量，学习弘扬雷锋坚守马克思主义信仰、坚定共产主义理想的崇高精神品格，做到对习近平新时代中国特色社会主义思想忠诚信仰、忠实践行，通过筑牢信仰之基，为实现中华民族伟大复兴培根铸魂、强基固本。

一、心中有信仰，脚下有力量

何谓信仰?《现代汉语词典》与《辞海》的解释大同小异，都认为信仰是对某人或某种主张、主义、宗教极度信服和尊敬，并以之作为自己的行为准则与行动指南。如果进一步分析，就内涵实质而言，信仰是人类最基本、最深刻的精神活动和精神现象，表现为一种执着的信念，一种无悔的选择，一种持久的坚守；就功能作用而言，信仰通过决定、支配人的世界观、价值观、人生观，从而在根本上影响人的精神生活和社会活动，并由此作用于社会的发展和历史的进程；就表现形态而言，在人类社会发展史上，信仰主要以虔诚的宗教信仰和坚定的马克思主义信仰这两种典范形态存在。中国共产党因马克思主义信仰而生,也因马克思主义信仰而兴,是坚守和践行马克思主义信仰的典范。充分肯定信仰对个体成长、政党发展、民族兴盛、国家进步的作用,高度重视开展理想信念教育,十分注重汲取信仰的力量,是中国共产党的优良传统。习近平总书记明确指出:“心中有信仰,脚下有力量”[①],“信仰、信念、信心,任何时候都至关重要。小到一个人、一个集体,大到一个政党、一个民族、一个国家,只要有信仰、信念、信心,就会愈挫愈奋、愈战愈勇,否则就会不战自败、不打自垮。”[②]

(一)崇高信仰是中国共产党胜利之“钥”

中国共产党从建党之时的50多名党员发展到如今的9800多万名党员,从最初的党代会都要秘密召开到在世界上最大的社会主义国家长期执政,从矢志拯救中国到引领中国日益走近世界舞台中央,在100多年波澜壮阔的历史进程中,团结带领中国人民迎来中华民族从站起来、富起来到强起来的伟大飞跃。这100多年来,中国共产党无往不胜取得如此辉煌成就的秘诀是什么?中华民族勇毅前行迸发出如此巨大能量的密码又是什么?归根到底,源于中国共产党始终有着崇高而坚定的马克思主义信仰与共产主义信念,并成功地使马克思主义信仰与共产主义信念成为全党全国人民的共同信仰信念。

信仰如旗,指引奋斗方向;信仰如电,激发无穷力量;信仰如炬,照亮前行征程。革命战争年代,红军长征一次次绝境重生,愈挫愈勇,最终取得胜利,创造人类战争史上令人难以置信的奇迹。为什么许多红军战士即使被打散了,历经万难都要回归革命队伍?答案只有一个,就是因为他们心中有信仰。正如巴尔扎克所说:“以利益为主的阵营总是会动摇的,但以信仰为

①《习近平谈治国理政(第二卷)》,外文出版社2017年版,第49页。

②中共中央党史和文献研究院:《十九大以来重要文献选编(上)》,中央文献出版社2019年版,第739页。

主的是分化不了的。”从1921年中国共产党成立到1949年新中国成立，中国共产党领导的革命，有名可查的烈士就达370万人。人的生命只有一次，为什么先烈们能够视死如归，义无反顾？因为在他们心中，革命信仰高于天。正如邓小平同志曾一再强调：“对马克思主义的信仰是中国革命胜利的一种精神动力”，“为什么我们过去能在非常困难的情况下奋斗出来，战胜千难万险使革命胜利呢？就是因为我们有理想，有马克思主义信念，有共产主义信念。”①和平建设时期，中国共产党团结带领全国人民在一穷二白的基础上搞建设、在历史关键处开启改革开放、在中国特色社会主义新时代以中国式现代化全面推进中华民族伟大复兴，短短70多年时间创造了举世瞩目、彪炳史册的伟大历史成就。“看似寻常最奇崛，成如容易却艰辛。”是什么让我们党战胜一个又一个困难，跨过一道又一道沟坎，取得一个又一个胜利？答案只有一个，是马克思主义信仰与共产主义信念。习近平总书记指出：“我们党之所以能够经受一次次挫折而又一次次奋起，归根到底是因为我们党有远大理想和崇高追求。”②在一百多年奋斗历程中，中国共产党依靠马克思主义信仰的力量，团结带领全国人民持续引领中国社会发展，实现历史性变革，取得历史性成就。以马克思主义为指导的中国共产党，在革命、建设、改革各个历史时期团结带领全国人民持续取得辉煌成就的同时，也日益增强了全党全国人民对马克思主义信仰的认同。历史和实践反复证明，一个政党有了远大理想和崇高追求，就会拥有感召力、凝聚力、向心力、意志力，就会坚强有力、无坚不摧、无往不胜，就能经受一次次挫折而又一次次奋起，进而迎来一个个胜利。历史同时以反面教训警示我们：“理想信念动摇是最危险的动摇，理想信念的滑坡是最危险的滑坡。一个政党的衰落，往往从理想信念的丧失或缺失开始。”③习近平总书记曾经精辟指出：“基础不牢，地动山摇。信念不牢也是要地动山摇的。苏联解体、苏共垮台、东欧剧变不就是这

①《邓小平文选（第三卷）》，人民出版社1993年版，第63页。
②《习近平关于全面从严治党论述摘编》，中央文献出版社2021年版，第170页。
③《习近平谈治国理政（第二卷）》，外文出版社2017年版，第34页。

个逻辑吗？苏共拥有20万党员时夺取了政权，拥有200万党员时打败了希特勒，而拥有近2000万党员时却失去了政权。……什么原因？就是理想信念已经荡然无存了。”①

新时代新征程，坚持和发展中国特色社会主义、实现中华民族伟大复兴，同样离不开信仰信念的力量。当今时代，像战争年代那种血与火的生死考验少了，但具有新的历史特点的伟大斗争仍在继续，一系列重大挑战、重大风险、重大阻力、重大矛盾依然在考验着我们。没有坚定的理想信念，就会在乱云飞渡的复杂环境中迷失方向、在泰山压顶的巨大压力下退缩逃避、在糖衣炮弹的轮番轰炸下缴械投降。对此，习近平总书记在多次讲话中反复强调：“在新长征路上，我们要战胜来自国内外的各种重大风险挑战，夺取中国特色社会主义新胜利，依然要靠全党全国人民坚定的理想信念和坚强的革命意志。”②“我们要从红色基因中汲取强大的信仰力量，增强‘四个意识’，坚定‘四个自信’，做到‘两个维护’，自觉做共产主义远大理想和中国特色社会主义共同理想的坚定信仰者和忠实实践者，真正成为百折不挠、终生不悔的马克思主义战士。”③“只要我们永不动摇信仰、永不脱离群众，我们就能无往而不胜。”④

（二）崇高信仰是共产党人的立身之“本”

心有所信，方能行远。一个人有了信仰信念，生活就有了信心，人生才会有所依凭。西方哲学和社会心理学家弗洛姆曾经发出“人没有信仰也能生活吗”之问，认为“没有信仰，人就不会做出成绩，就会叫人失望，就会在灵魂最深处充满恐惧。”⑤如果说人生如船，那信仰就是压舱石。航船有了压舱石，吃水就深，航行就稳。对于共产党人而言，人生更需要压舱石，立身做

①《习近平关于全面从严治党论述摘编》，中央文献出版社2021年版，第175-176页。

②《习近平关于全面从严治党论述摘编》，中央文献出版社2021年版，第177页。

③习近平：《论中国共产党历史》，中央文献出版社2021年版，第254页。

④习近平：《在党的十九届一中全会上的讲话》，《求是》2018年第1期。

⑤马斯洛等：《人的潜能和价值》，华夏出版社1987年版，第343—344页。

人、干事创业才能行稳致远。崇高而坚定的马克思主义信仰就是共产党人人生的压舱石，就是共产党人的立身之“本”。正如习近平总书记强调的：“我们共产党人的本，就是对马克思主义的信仰，对中国特色社会主义和共产主义的信念，对党和人民的忠诚。我们要固的本，就是坚定这份信仰、坚定这份信念、坚定这份忠诚。”①“坚定理想信念，坚守共产党人精神追求，始终是共产党人安身立命的根本。”②

从理论探析而言，树立崇高信仰才能确立正确“三观”。世界观、人生观、价值观是人生的“总开关”，世界观决定一个人的思想高度与处事方式，人生观决定一个人的生活追求与人生格局，价值观决定一个人的行为准则与精神境界。树立一种信仰，就是确立一种世界观、人生观、价值观，确定一种生活的目的和意义。共产党人只有树立坚定的马克思主义信仰，才能确立正确的世界观、人生观、价值观。也就是习近平总书记所强调的，全体党员干部都要“注重解决好世界观、人生观、价值观这个‘总开关’问题，真正做到对马克思主义虔诚而执着、至信而深厚。”③其一，共产党人的世界观是坚持辩证唯物主义与历史唯物主义的马克思主义世界观。马克思主义的辩证唯物主义与历史唯物主义世界观是迄今为止最为科学的世界观，科学揭示了物质决定意识，意识反作用于物质，矛盾是事物发展根本动力，人民群众是历史创造者等原理，指引共产党人在工作中要坚持一切从实际出发，实事求是，用发展、全面和联系的观点看问题，要注重抓住事物主要矛盾，要善于贯彻群众路线，等等，否则就会犯唯心主义、形式主义、官僚主义等错误。其二，共产党人的人生观是坚持为人民服务的马克思主义人生观。人生观主要是指人们对人生问题总的看法，包括人生的意义、目的、态度和理想等。人生观的主要表现是为谁服务。马克思主义人生观坚持以辩证唯物主义和历史唯物主义的立场、观点、方法看待人生，把实现社会主义和共产主义看

①《习近平谈治国理政(第二卷)》，外文出版社2017年版，第326页。
②《习近平谈治国理政(第一卷)》，外文出版社2018年版，第15页。
③习近平：《论“三农”工作》，中央文献出版社2022年版，第43页。

作人生的最高目的，把全心全意为人民服务看成最大的幸福，把个人理想、人生价值定位在为人民服务、为人民的解放事业而奋斗上，也就是习近平总书记所说的“人民对美好生活的向往就是我们的奋斗目标”[①]。为人民服务的人生观是人类社会迄今为止最为先进的人生观，其离不开马克思主义信仰的指引。其三，共产党人的价值观是坚持人民利益至上的马克思主义价值观。价值观主要是指人们对客观事物的一种认识和评价。马克思主义价值观坚持以无产阶级和广大人民群众的根本利益为最高利益，正如毛泽东同志指出的“共产党人的一切言论和行动，必须以合乎最广大人民群众的最大利益，为最广大人民群众所拥护为最高标准”[②]。同时，坚持以集体主义为价值取向，坚持把人民拥护不拥护、赞成不赞成、高兴不高兴、答应不答应作为衡量一切工作得失的根本标准。离开了马克思主义信仰，人民利益至上的价值观就失去了思想根基。

从现实启示来看，坚定崇高信仰才能练就“金刚不坏之身”。信仰信念是事业和人生的灯塔，决定着一个人的方向和立场，也决定着一个人的言论和行动。共产党人只有坚定马克思主义信仰与共产主义信念，用坚定的理想信念练就“金刚不坏之身”，才能在大是大非面前旗帜鲜明，在风浪考验面前无所畏惧，在各种诱惑面前立场坚定，才能赢得辉煌事业、成就美好人生。这些年来，一些党员干部之所以走上以权谋私、贪污受贿、腐化堕落的邪路，从根本上讲都是理想信念滑坡甚至丧失导致的。对此，习近平总书记指出：“现实生活中，一些党员、干部出这样那样的问题，说到底是信仰迷茫、精神迷失。”“领导干部一旦丧失了理想信念，就会把握不住自己，就会迷失方向，不仅会越过做党员的底线，而且会越过做人的底线。”[③]“对共产党人来讲，动摇了信仰，背离了党性，丢掉了宗旨，就可能在‘围猎’中被人捕获。只有在

①《习近平著作选读(第二卷)》，人民出版社2023年版，第164页。
②《毛泽东选集(第三卷)》，人民出版社1991年版，第1096页。
③习近平：《在党的十九届一中全会上的讲话》，《求是》2018年第1期。

立根固本上下功夫，才能防止歪风邪气近身附体。”[①]为此，习近平总书记殷殷告诫全体党员干部：“每一位同志都要把坚定理想信念作为人生的头等大事。”[②]

雷锋精神鲜明昭示了信仰引航人生之旅的作用。在中国共产党的培养教育下，雷锋逐渐成长为坚定的马克思主义信仰者、真正的共产主义革命战士。正是在马克思主义信仰、共产主义信念的指引下，雷锋深刻认识到共产主义社会是全人类解放的社会，进而逐渐明确了人生奋斗方向，树立了“把自己锻炼成为一个又红又专的共产主义革命战士，更好地为人民服务，为人类的解放事业——共产主义而贡献自己的一切”[③]的人生目标。

（三）崇高信仰是中国共产党人的精神之“钙”

中国共产党一贯重视精神的作用，毛泽东曾经提出“人是要有点精神的”[④]。习近平总书记同样强调：“人无精神则不立，国无精神则不强。唯有精神上站得住、站得稳，一个民族才能在历史洪流中屹立不倒、挺立潮头。”[⑤]一部中国共产党人的奋斗史，也是一部中国共产党人的精神史，同时也是一部近代以来中华民族的精神史诗。信仰是人类特有的精神活动，寄托着人的精神最高的关注和关怀。精神的力量是无穷的，信仰是精神的制高点，精神的力量主要来自信仰。

马克思主义信仰与共产主义信念是共产党人的精神之“钙”。习近平总书记指出：“对马克思主义、共产主义的信仰，对社会主义的信念，是共产党人精神上的‘钙’。没有理想信念，理想信念不坚定，精神上就会得‘软骨病’，就会在风雨面前东摇西摆。”[⑥]这一重要论断，把人的生命元素“钙”引入

---

①《习近平关于全面从严治党论述摘编》，中央文献出版社2021年版，第169页。

②习近平：《在党的十九届一中全会上的讲话》，《求是》2018年第1期。

③《雷锋全集》，华文出版社2012年版，第73页。

④《毛泽东文集（第七卷）》，人民出版社1999年版，第162页。

⑤《习近平著作选读（第二卷）》，人民出版社2023年版，第347页。

⑥习近平：《在纪念陈云同志诞辰110周年座谈会上的讲话》，人民出版社2015年版，第6页。

精神世界与政治生活领域,形象说明了信仰信念对于人的精神世界与政治生活的重要意义,科学揭示了信仰缺失的严重危害,深刻阐明了坚定信仰信念对于实现中国特色社会主义共同理想和共产主义远大理想的巨大作用。“增强信仰、信念、信心,这是我们战胜一切强敌、克服一切困难、夺取一切胜利的强大精神力量。”[①]如果说人的其他支配力量是驱动人的行为的“普通燃料”,那么信仰则属于“核燃料”。中国共产党百余年来的奋斗史,就是一部不断推进马克思主义基本原理同中国具体实际相结合、同中华优秀传统文化相结合的历史,就是一部在共产主义信仰信念的支撑下历经挫折而又奋起的历史。坚定信仰信念并不是一蹴而就的,更不是一劳永逸的。以前信仰坚定,并不代表以后信仰坚定;现在信仰坚定,并不代表永远信仰坚定。好比一个人补身体之钙,不可能补一次管几十年,补精神之“钙”也不可能补一次顶一辈子,必须不忘初心、终身为之。要把坚定理想信念当作终身课题,常修常炼,信一辈子,守一辈子。

雷锋精神鲜明呈现了共产主义信仰信念催生精神动力。一个人一旦拥有了崇高信仰和坚定信念,便拥有了强大的精神力量。习近平总书记多次引用古人所说的“志之所趋,无远弗届。穷山距海,不能限也”。雷锋在日记中说:“有了伟大的热情,才有伟大的行动!”[②]雷锋一辈子为党和人民奋斗,没有崇高信仰、坚定信念是根本做不到的。正是在共产主义信仰信念的激励下,雷锋拥有奋不顾身、不畏艰辛、锲而不舍的革命热情和前进动力。不管是在紧张工作后的夜晚孜孜不倦地挑灯夜读毛主席著作,还是在伸手不见五指的深夜看到雨中散放着的7200袋水泥,组织突击队抢救水泥,保卫国家财产,不管是长期一贯地做好事为人民服务,还是在任何一个工作岗位都能攻坚克难做一颗永不生锈的“螺丝钉”,雷锋总有“一种无穷的力量鼓舞着”[③],这种无穷的力量就源自他坚定的马克思主义信仰与共产主义信念。

①《习近平谈治国理政(第四卷)》,外文出版社2022年版,第519页。
②《雷锋全集》,华文出版社2012年版,第27页。
③《雷锋全集》,华文出版社2012年版,第6页。

二、信仰坚定是雷锋精神的鲜明底色

雷锋精神是一座内涵丰富、常学常新、永放光芒的精神富矿。尽管在不同的时代,从不同的角度,人们对雷锋精神的内涵有不同的认知与概括,但是有一点是确信无疑与恒常不变的,那就是坚守马克思主义信仰、坚定共产主义理想的崇高精神。雷锋在短暂的人生历程中铸就起一座不朽的信仰丰碑,雷锋精神在时代变迁中始终闪耀着马克思主义信仰与共产主义信念的光芒。崇高且坚定的信仰是雷锋精神永恒的核心内涵与鲜明底色。

(一)对党无限忠诚

雷锋信仰坚定的首要表现就是对党无限忠诚。习近平总书记指出:“对党忠诚是对理想信念坚定的最好诠释。”理想信念坚定和对党忠诚是紧密联系的,理想信念坚定在政治上、思想上、行动上必然表现为对党忠诚,对党忠诚必须以坚定的理想信念作为内在根据和精神支撑。“只有对马克思主义信仰坚定了,对中国特色社会主义信念坚定了,对党忠诚才能有牢靠的基础。”“如果理想信念不坚定,遇到一点风雨就动摇,那尽管平时表面上看着忠诚,但最终也是靠不住的。”①“学习雷锋好榜样,忠于革命忠于党……”这首在中华大地传唱至今的歌曲歌颂的就是雷锋的忠诚品格。“我就是长着一个心眼,我一心向着党,向着社会主义,向着共产主义。”便是雷锋忠诚于党、忠诚于社会主义、忠诚于共产主义的赤忱表白。

对中国共产党的感恩之情。习近平总书记指出:“忠诚不是自然而然产生的,对党要有朴素的感情,更要有理性的自觉。”②雷锋“生在旧社会,长在红旗下”,解放后党和政府给雷锋分田分地、送吃送穿、供他上学,身边的干部与老师给予他无微不至的关怀,新旧社会的鲜明对比,从奴隶到主人的巨大变化,使雷锋对中国共产党、对新中国满怀感恩和热爱之情。他多次饱含

①《习近平关于全面从严治党论述摘编》,中央文献出版社2021年版,第163页。
②《习近平关于全面从严治党论述摘编》,中央文献出版社2021年版,第163页。

深情地把党比作母亲:“我是慈祥的母亲——中国共产党把我哺育大的,要是没有党和毛主席,就没有我的一切。”[①]“新中国成立后我有了家,我的母亲就是党。”“伟大的党啊——我慈祥的母亲,是您把我从虎口中拯救出来,抚育我成长。是您,给了我无产阶级的思想。是您,给我指出了前进的方向。是您,给了我前进的动力。是您,给了我一切。”他多次咏叹与感谢党的恩情:“过去黑暗全扫净,如今生活乐无边。丰衣足食多幸福,党的恩情比蜜甜。”[②]他多次发自肺腑地表达回报党恩的愿望:“当我想起党的恩情,恨不得立刻掏出自己的心,当我想起我所经历的一切太平凡了的时候,我就时刻准备着,当党和人民需要我的时候,我愿意献出自己的一切。”

对毛主席的敬仰之情。毛泽东领导中国共产党和中国人民在长期的革命斗争中取得胜利,建立了新中国,是无数中国人民心目中的伟大领袖与精神核心。进入校门,学校老师告诉雷锋:这是党送你去读书,并翻出毛主席像说,就是他老人家送你读书的,你永远也不要忘记他老人家。[③]老师一再教育他:“要读毛主席的书,听毛主席的话,忠实于党,忠实于人民,忠实于毛主席。”[④]怀着对毛主席的敬仰与感恩,雷锋在走出湖南之前专程到韶山参观毛主席故居,并激情写下短诗《别了,韶山》:“从此我真正懂得了‘神圣’二字,懂得了革命成功来之不易。”雷锋有个最大的心愿,就是见到毛主席。他在日记中记录了自己梦见毛主席的情景,第二天一早“真像见到了毛主席一样,浑身是劲,总觉得这股劲,用也用不完”[⑤]。成为一名解放军战士后,雷锋在《前进报》上发表过《在毛主席的哺育下成长》《我是怎样从一个苦孩子成长为毛主席的好战士的》《做毛主席的好战士》等文章。在这些文章中,雷锋深情表达了对中国共产党的深厚感情,对新中国赤诚的爱,对毛主席的景仰和崇敬。

①《雷锋全集》,华文出版社2012年版,第19页。
②《雷锋全集》,华文出版社2012年版,第108页。
③《雷锋全集》,华文出版社2012年版,第184页。
④《雷锋全集》,华文出版社2012年版,第18页。
⑤《雷锋全集》,华文出版社2012年版,第4页。

听党话、跟党走的决心和行动。雷锋从自己的人生经历中深刻认识到，中国共产党是一心一意为人民谋利益的马克思主义政党，是人民群众的忠实代表。因此，雷锋在成长过程中坚定了听党话、跟党走的信念。在加入中国共产党的那天，雷锋在日记中立誓永远听党话："伟大的党啊，您是我慈祥的母亲，我所有的一切都是属于您的，我要永远听您的话，在您的身下尽忠效力，永做您忠实的儿子。"[①]"我一定要更好地听从党的教导，党叫我干什么，我就干什么，决不讲价钱。"在雷锋创作的诗歌中，他将党比作太阳，象征温暖、光明、幸福，抒发自己坚定跟党走的内心独白："随着太阳不会挨冻，跟着党走不会迷路。"[②]沐浴在党的阳光雨露下，雷锋找到了自己愿意为之奉献一生的信仰———共产主义信仰，意识到自己必须不折不扣地依据党的指导行事："我深深地认识到，做每一件工作，完成每一项任务，哪怕是进行每一次学习，都十分需要听党的话，……相反，如果脱离了领导，不听党的话，光凭个人的心愿去做事情，是很难做好的，甚至要犯错误。"[③]信之弥坚，行之弥笃。正是坚定的共产主义信仰，正是对党的无限忠诚，使得雷锋将自己的人生追求融入党和人民的事业之中，将实现共产主义远大理想化为自身具体行动，最终成为社会主义建设时期的英雄模范，成为真正的共产主义战士。

（二）对毛泽东思想真学真信真用

毛泽东思想是马克思主义中国化的第一个理论成果，为党和人民的事业提供了科学指引，是无数共产主义者的信仰寄托和精神食粮。信仰坚定离不开理论的坚定，坚定的理想信念，必须建立在对马克思主义的深刻理解之上。真学真信真用毛泽东思想，对雷锋树立坚定的信仰起到了关键性的作用。毋庸置疑，雷锋精神是雷锋真学真信真用毛泽东思想的必然产物。

---

①《雷锋全集》，华文出版社2012年版，第17页。
②《雷锋全集》，华文出版社2012年版，第110页。
③《雷锋全集》，华文出版社2012年版，第3页。

真学毛泽东思想。雷锋经常说:“只有好好学习,才能将来更好地为人民服务,报答党的恩情。”[①]雷锋非常热爱学习,而且特别注重学习马克思主义理论,尤其是毛主席的著作。他深切地认识到,要想成长进步,要想更好地为建设社会主义事业作贡献,就必须认真读毛主席的著作。他深谙积少成多之理,善于挤出点滴时间读书。他曾经总结出抓紧时间学习毛主席著作的“六个点”方法,即“早起点,晚睡点,饭前饭后挤一点,行军走路想着点,外出开会抓紧点,星期假日多学点。”从雷锋在日记中的自述可以得知,雷锋是从1958年夏天开始坚持学习毛泽东著作的,到1960年就学完了《毛泽东选集》第一卷至第四卷,还有其他政治书籍60多本。他读得最多的书是《毛泽东著作选读》,几乎每一篇都勾画了学习重点,写下9本近20万字的读书笔记。比如,在读到《为人民服务》一文时,雷锋在多处做了圈圈画画,还在页眉页脚处分别写下:“我要全心全意为人民服务,为党和阶级的最高利益,牺牲自己的一切,直至生命。”“一个革命战士必须具有把一切献于无产阶级革命事业的崇高理想。”[②]1960年11月,雷锋被军区树为“学习毛泽东著作标兵”。可以说,雷锋为广大党员干部通过读原著、学原文、悟原理,念好共产党人的“真经”,坚定对马克思主义的信仰,做出了典范。

真信毛泽东思想。雷锋的马克思主义信仰和共产主义信念并非完全建立在朴素的感恩情感之上,而是建立在对马克思主义理论尤其是毛泽东思想的深刻领悟之上。他的马克思主义信仰和共产主义信念是以科学真理作为思想基础的。雷锋对毛主席个人充满感恩和崇拜之情,对毛泽东思想充满信赖信仰之意。他在论述毛泽东思想的作用时曾经发表过“方向盘论”:“毛主席著作对我来说好比粮食和武器,好比汽车上的方向盘。人不吃饭不行,打仗没有武器不行,开车没有方向盘不行,干革命不学习毛主席著作不行!”[③]雷锋一贯坚持以毛泽东思想塑造自己的人生观、世界观、价值观,每当

①《雷锋全集》,华文出版社2012年版,第270-271页。
②《雷锋全集》,华文出版社2012年版,第28页。
③《雷锋全集》,华文出版社2012年版,第28页。

思想上遇到困惑，首先想到的就是从毛主席著作中寻找答案。雷锋多次表示："毛主席所说的每一句话，都给了我无穷的力量，同时深深地教导了我。"①他越是学习毛主席的著作，就越是"感到毛主席的英明和伟大"②，就越发坚定自己的信仰。

真用毛泽东思想。雷锋是真学真信毛泽东思想的典范，更是真用毛泽东思想的典范。他一直坚持把毛泽东思想当成"活的武器"而非僵化的教条，用来指导自己的思想和行为。他在日记中如此写道："我在学习过程中，始终坚持用学习到的理论、观点对照联系自己的思想、劳动和周围的一切实际事情。""我从开始学习毛主席著作那天起，就牢记住这样几句话：理论学习如果脱离实际，即使学得烂熟，但是表里不一，言行不一，仍然不能很好地改造思想，所以理论学习应该联系实际，改造思想。我决心要把毛主席的思想学到手，定要使毛主席的光辉思想在我的脑海里扎根，在我的一切实际行动中开花结果。"简单朴素的话语体现了雷锋坚持学以致用，理论联系实际的强烈意识。无论是在工作中还是在生活中，他总是"以实际问题为中心，到毛主席著作中找答案"③，并且总结出了一套学习公式"问题—学习—实践—总结。"④通过学习毛泽东思想，雷锋逐渐掌握了马克思主义的立场、观点、方法，理论能力不断增强。在此基础上，他经常运用马克思主义的立场观点方法思考分析解决一些问题。譬如，他写下了关于一滴水的认知、关于"螺丝钉"的感悟，以及关于"自我与他人""有限与无限""平凡与伟大"的哲学思考。在散文《苦甜观》中，他看到了旧社会地主阶级和资产阶级统治之下，"甜"是旧社会统治阶级的甜，"苦"是被压迫阶级的苦，也意识到只有立足于全体劳动人民的立场才能认识新社会的甜。雷锋更是以实际行动回答了"人为什么活着、怎样活着"的人生命题，书写出

---

①《雷锋全集》，华文出版社2012年版，第154页。
②《雷锋全集》，华文出版社2012年版，第6页。
③《雷锋全集》，华文出版社2012年版，第25页。
④《雷锋全集》，华文出版社2012年版，第25页。

"伟大寓于平凡"的壮丽篇章。

（三）为共产主义事业奋斗终身

实现共产主义是马克思主义的最高理想和最终目标，马克思主义信仰与共产主义远大理想二者内在统一，始终坚定马克思主义信仰，就是要始终坚定共产主义的远大理想，始终坚持中国特色社会主义的共同理想。雷锋在那个火热的社会主义建设年代，终其一生，用实际行动充分体现了为社会主义建设贡献力量的积极实践和无畏担当，彰显了为了人类的解放事业——共产主义献出自己毕生精力和整个生命的伟大精神，这是雷锋坚定而崇高的马克思主义信仰与共产主义信念的又一集中体现。

雷锋精神是共产主义远大理想的光辉典范。雷锋于1954年加入中国少年共产主义先锋队，于1957年加入中国共产主义青年团，于1960年11月加入中国共产党。为共产主义奋斗的信念，从小就在雷锋心里萌芽生根，理想信念之火一经点燃，就再没熄灭，而是越燃越旺，成为他人生旅程牢固的精神支柱和强大精神动力。在为共产主义事业奋斗到底的信仰激励下，雷锋十分渴望入伍成为人民解放军战士，十分渴望入党成为中国共产党党员，投身祖国的革命建设事业和人类的解放事业。参军前夕，雷锋在日记中写道："只要组织上批准我入伍，我一定要把自己最可爱的青春献给我们的祖国，做一个真正的共产主义革命战士。"在被批准为新党员的当天晚上，他万分激动并用铿锵有力的话语作了真诚的信仰告白："我是一个共产党员，人民的勤务员，为了全人类的自由、解放、幸福，哪怕高山、大海、巨川，为了党和人民的事业，就是入火海进刀山，我甘心情愿，头断骨粉，身红心赤，永远不变。"①雷锋在日记中明确表达了自己为何而活："我活着是为了全心全意为人民服务，是为人类的解放事业——共产主义而斗争。"②在日记中反复倾诉自己的心声："我觉得一个革命者，活着就应该把毕生精力和整个生命为

①《雷锋全集》，华文出版社2012年版，第17页。
②《雷锋全集》，华文出版社2012年版，第65页。

人类解放事业——共产主义全部献出。”通读雷锋日记，容易发现，“为共产主义事业而奋斗”是其日记中的高频词之一。

共产主义信仰不是抽象的，而是现实的、具体的、实践的，与社会主义建设事业、国家发展、民族复兴密切相连，党在不同历史时期的理论路线方针是共产主义信仰的重要载体与实践形态。雷锋为共产主义事业而奋斗的信仰，写在日记中，刻在思想里，更体现在积极投身社会主义建设的行动上。1956年党的八大明确提出：国内的主要矛盾已经是人民对于建立先进的工业国的要求同落后的农业国的现实之间的矛盾，已经是人民对于经济文化迅速发展的需要同当前经济文化不能满足人民需要的状况之间的矛盾；党和全国人民当前的主要任务，就是要集中力量来解决这个矛盾，把我国尽快地从落后的农业国变为先进的工业国。从小学毕业的雷锋，不同于其他同学选择继续读技校或高中，而是在自己的志愿书上写下“党的需要就是我的志愿”，并向学校提出了放弃读初中、到农村参加农业生产的要求，成为当时望城县的第一个拖拉机手。1958年，党中央发出大炼钢铁的号召，要求全国支援鞍钢的建设和发展，此时在县委当交通员的雷锋又积极响应，“下定决心一定要响应祖国的伟大号召，参加大炼钢铁”，三次找到招工工作组报名，并在决心书中写道：“我永远跟着共产党走。我一定在钢铁战线上当上英雄和模范，我要为祖国人民的事业而奋斗到底。”为表达自己想要到鞍钢当工人、争先锋的决心，他将原名“雷正兴”改成“雷锋”。1958年11月15日，雷锋来到鞍钢化工总厂洗煤车间做了一名推土机手。翌年8月，他又来到条件更为艰苦的弓长岭焦化厂参加基础建设。1960年1月8日，雷锋应征入伍，他在日记中写道：“我穿上了黄军装，光荣地参加了中国人民解放军……这是我一生中最大的幸福。我要坚决发扬革命部队里的优良传统，向董存瑞、黄继光、安业民等英雄们学习……我一定要做毛主席的好战士，我要把我最可爱的青春献给祖国，献给人类最壮丽的事业。”纵观雷锋的一生，可以发现，他在选择职业时，总是以“响应党的号召，到祖国最需要的地方去”作为标准，完全不考虑个人的利益得失。抚顺雷锋纪念馆墙上贴着的一张雷锋的工资表也印证了这一点:从公务员到拖拉机手,从工人到军人,雷锋的工资越拿越少。

雷锋为共产主义而奋斗的信仰还表现在他所践行的劳动观上。科学的劳动观是共产主义信仰的题中应有之义。马克思主义劳动观主张人民创造历史,劳动开创未来,认为劳动者最光荣,劳动者最幸福的,是人类社会迄今为止最为科学的劳动观。列宁曾经在《伟大的创举》中表达过这样的深刻思想:共产主义事业应是平凡而生动的。雷锋热爱劳动、爱岗敬业、不畏艰苦,从农民、公务员、工人到战士,他参与过许多工作,干一行爱一行、专一行精一行,在每一个平凡的岗位上都做出了令人瞩目的突出成绩。雷锋3次被评为先进工作者,5次被评为标兵,18次被评为红旗手,并荣获"青年社会主义建设积极分子"的光荣称号。雷锋入伍后,荣立三等功2次、二等功1次,还被评为"五好战士"和"节约标兵"。雷锋在平凡的岗位上做好本职工作,将个人价值和社会价值相统一,为社会主义建设贡献自己的力量,在平凡中铸就伟大,正是对共产主义信仰的鲜明彰显。

三、以实际行动诠释对习近平新时代中国特色社会主义思想的坚定信仰

习近平新时代中国特色社会主义思想,是马克思主义中国化的最新理论成果,是21世纪的马克思主义,是党和人民实践经验和集体智慧的结晶,是党和国家必须长期坚持的指导思想。新时代新征程,与时俱进学习弘扬雷锋精神,首要之举就是要从雷锋精神中汲取信仰的力量,做习近平新时代中国特色社会主义思想的忠实信仰者与坚定践行者,像雷锋同志那样坚定地为共产主义理想不懈奋斗,真正把坚定马克思主义信仰落到实处。

(一)在坚定拥护"两个确立"、坚决做到"两个维护"中彰显信仰

对党绝对忠诚,是共产党人首要的政治品质,是共产党人理想信念的最好诠释。检验党员干部是不是信仰坚定,是不是对党忠诚,革命战争年代主

要看能不能为党和人民的事业冲锋陷阵、舍生忘死,在和平建设时期主要看能不能坚持党的领导,坚决维护党中央权威和集中统一领导,自觉在思想上、行动上同党中央保持高度一致。党的十八大以来,以习近平同志为主要代表的中国共产党人,坚持把马克思主义基本原理同中国具体实际相结合、同中华优秀传统文化相结合,继承与发展毛泽东思想、邓小平理论、“三个代表”重要思想、科学发展观,创立了习近平新时代中国特色社会主义思想,开辟了马克思主义中国化时代化新境界,让马克思主义在中国大地展现出更强大、更有说服力的真理力量。在党的这一理论创新过程中,习近平总书记展现出马克思主义政治家、思想家、战略家的非凡理论勇气、卓越政治智慧、强烈使命担当,为新时代中国特色社会主义思想的创立起了决定性作用、作出了决定性贡献,是这一思想的主要创立者。新时代新征程,坚定马克思主义信仰就是要做习近平新时代中国特色社会主义思想的坚定信仰者。做习近平新时代中国特色社会主义思想的坚定信仰者,就是要坚持习近平新时代中国特色社会主义思想的指导地位,维护习近平总书记的领导核心地位,坚定拥护“两个确立”、坚决做到“两个维护”。

坚定拥护“两个确立”。新时代,党和国家事业之所以取得历史性成就、发生历史性变革,根本原因在于习近平总书记作为党中央的核心、全党的核心掌舵领航,在于习近平新时代中国特色社会主义思想的科学指引。“两个确立”蕴含着理论必然、历史必然、实践必然,是历史和人民的共同选择、郑重选择、必然选择,是党和国家之幸、人民之幸、中华民族之幸。正如党的第三个历史决议所强调指出的:“党确立习近平同志党中央的核心、全党的核心地位,确立习近平新时代中国特色社会主义思想的指导地位,反映了全党全军全国各族人民共同心愿,对新时代党和国家事业发展、对推进中华民族伟大复兴历史进程具有决定性意义。”“两个确立”深刻阐明了我们在新征程上要忠诚核心、拥护核心、跟随核心、捍卫核心,坚持以习近平新时代中国特色社会主义思想为指导,为我们党团结带领全国各族人民在新时代坚持和发展中国特色社会主义、全面建成社会主义现代化强国、实现中华民族伟大复兴提供了根本保证。全党全国人民要深刻领悟“两个确立”的决定性意义，切实增强对“两个确立”的政治认同、思想认同、理论认同、情感认同，坚定不移把“两个确立”转化为坚决做到“两个维护”的思想自觉、政治自觉、行动自觉，转化为对习近平新时代中国特色社会主义思想的忠实信仰、对中国特色社会主义的坚定信念、对中华民族伟大复兴的坚强信心，转化为履职尽责做好各项工作的实际行动。

坚决做到“两个维护”。“两个维护”有明确的内涵和要求，就是坚决维护习近平总书记党中央的核心、全党的核心地位，坚决维护党中央权威和集中统一领导。一个国家、一个政党，领导核心至关重要。确立和维护无产阶级政党的领导核心，始终是马克思主义建党学说的基本原则，也是无产阶级政党走向成熟的重要标志。马克思曾生动地比喻：“一个单独的提琴手是自己指挥自己，一个乐队就需要一个乐队指挥。”[①]列宁也曾强调：“造就一批有经验、有极高威望的党的领袖是一件长期的艰难的事情。但是做不到这一点，无产阶级专政、无产阶级的‘意志统一’就只能是一句空话。”[②]在中国共产党内，“个人服从组织，少数服从多数，下级服从上级，全党服从中央”，这“四个服从”是最基本的组织原则，也是强化党员对党绝对忠诚的组织保证。事在四方，要在中央。习近平总书记深刻指出：“如果党中央没有权威，党的理论和路线方针政策可以随意不执行，大家各自为政、各行其是，想干什么就干什么，想不干什么就不干什么，党就会变成一盘散沙，就会成为自行其是的‘私人俱乐部’，党的领导就会成为一句空话。”[③]实践有力证明，维护习近平总书记核心地位，就是维护党中央权威和集中统一领导；维护党中央权威和集中统一领导，首先要维护习近平总书记核心地位。

坚定拥护“两个确立”，坚决做到“两个维护”，两者精神同源、内核同质、目标同向，“两个确立”是“两个维护”的政治前提和思想基础，“两个维护”是

①《马克思恩格斯文集（第五卷）》，人民出版社2009年版，第384页。

②《列宁全集（第四十二卷）》，人民出版社1987年版，第100页。

③《习近平关于全面从严治党论述摘编》，中央文献出版社2021年版，第117页。

"两个确立"的政治责任和实践要求。新时代的中国共产党人要想成为真正的马克思主义者,成为习近平新时代中国特色社会主义思想的忠实信仰者,必须铸牢政治忠诚、坚定政治信仰、强化政治担当、扛起政治责任,把坚定拥护"两个确立"、坚决做到"两个维护"贯彻落实到各项工作实践中。

(二)在学深悟透习近平新时代中国特色社会主义思想中坚定信仰

信仰信念的坚定,来自思想理论的坚定。学习真理、掌握真理,是坚定信仰信念的坚实根基。崇高信仰、坚定信念从来不会自发产生,必然来自科学理论武装。只有不断加强理论修养、提升理论水平、培养理论思维、坚定理论自信,才能筑牢信仰之基。科学理论武装与坚定信仰信念都离不开深入的理论学习。理论学习深入,才能真懂真信真坚定,才能由理论认同转化为价值认同,由心理认同转化为信念信仰,才能付诸行动。共产党人只有"把读马克思主义经典、悟马克思主义原理当作一种生活习惯、当作一种精神追求"[①],系统掌握马克思主义基本原理,学会用马克思主义立场、观点、方法观察问题、分析问题、解决问题,才能成为一个真正的马克思主义者。新征程上,我们要做习近平新时代中国特色社会主义思想的忠实信仰者,必须在学深悟透、真学真信上下功夫,通过深刻感悟习近平新时代中国特色社会主义思想的真理力量和实践力量,不断增强对习近平新时代中国特色社会主义思想的信仰。

坚持学而信,坚定信仰习近平新时代中国特色社会主义思想。信仰是人的情感、意志和理性的统一,坚定而崇高的信仰,既离不开真挚强烈的情感、坚韧不拔的意志,也离不开科学深刻的认识。只有加强对习近平新时代中国特色社会主义思想的学习,才能从内心对其产生强烈的认同感,愿意将其作为自己极度信服和尊崇的精神家园,愿意将其作为自己的思想指导与行动指南。在当代中国,信仰习近平新时代中国特色社会主义思想,就是信

①《习近平谈治国理政(第三卷)》,外文出版社2020年版,第75页。

仰马克思主义。以习近平新时代中国特色社会主义思想武装头脑,对马克思主义的信仰必将更加坚定。

坚持学而信,在理论学习的深化上下功夫。要提高站位自觉学。站在坚定马克思主义崇高信仰的高度,把学习习近平新时代中国特色社会主义思想作为一种精神追求、一种生活态度、一种工作习惯,带着信仰、带着使命、带着责任学,在学思践悟中坚定马克思主义、共产主义信仰。要融会贯通系统学,全面学习领会习近平新时代中国特色社会主义思想的科学体系、精髓要义、实践要求,做到原汁原味、整体把握、融会贯通。要联系实际重点学,弘扬理论联系实际的马克思主义学风,紧密结合新时代新实践,多思多想、学深悟透。要把全面学习和重点学习结合起来,坚持干什么就重点学什么、缺什么就重点补什么,增强学习的针对性,努力提高学习实效。要及时跟进常态学,落实好"第一议题"等学习制度,对习近平总书记发表的最新重要讲话、作出的最新重要指示批示,第一时间学习领会,做到学习跟进、认识跟进、行动跟进。要原原本本深刻学,读原著、学原文、悟原理,准确把握习近平新时代中国特色社会主义思想的世界观、方法论和贯穿其中的立场观点方法,努力掌握蕴含其中的道理学理哲理,知其言更知其义、知其然更知其所以然。

坚持学而信,在理论学习的内化上下功夫。要自觉用习近平新时代中国特色社会主义思想改造主观世界,不断增进对党的创新理论的政治认同、思想认同、理论认同、情感认同,做到至信而深厚、融通而致用、执着而笃行。要主动把自己的思想摆进去,深刻领会习近平新时代中国特色社会主义思想关于坚定理想信念、提升思想境界、加强党性锻炼等一系列要求,深刻感悟这一重要思想蕴含的崇高信仰信念、真挚为民情怀、高度历史自信、无畏担当精神,砥砺初心使命、锤炼党性觉悟,始终保持共产党人的政治本色,特别是要把这一重要思想的世界观、方法论和贯穿其中的立场观点方法变成自己的强大思想武器、科学思想方法,作为研究问题、解决问题的"总钥匙"。要坚持真学真信真用、学懂弄通做实,学出政治忠诚,学出使命担当,学出实干精神,学出深厚情怀,学出斗争本领,学出清醒坚定,真切感悟党的创新理论的真理力量和实践伟力,使党的创新理论入脑入心,用党的创新理论凝心铸魂。

(三)在知行合一贯彻落实习近平新时代中国特色社会主义思想中践行信仰

实践性是马克思主义信仰的根本属性。马克思主义信仰,不是寻求个人内心解脱与心性修炼的信仰,而是致力于按照世界本身的规律改造客观世界与主观世界,实现人类彻底解放和不断发展,创造人类社会美好生活的信仰。崇高信仰的确立,“不是一个理论的问题,而是一个实践的问题”。①法国思想家罗曼·罗兰也曾说过:“信仰不是一种学问,而是一种行为,它只有被实践的时候,才有意义。”中国共产党历代领导人一贯强调:“理想信念是一个思想认识问题,更是一个实践问题。”②共产党人的理想信念不是拿来说、拿来唱的,更不是用来装点门面的,只有付诸行动才有说服力。共产党人坚定理想信念,必先知之而后信之,信之而后行之。习近平总书记在党的二十大报告中明确要求全体共产党人,“坚持学思用贯通、知信行统一,把新时代中国特色社会主义思想转化为坚定理想、锤炼党性和指导实践、推动工作的强大力量。”

贯彻运用好“六个必须坚持”的科学世界观与方法论,是知行合一做习近平新时代中国特色社会主义思想信仰者的本质要求与集中体现。马克思主义蕴含的科学世界观与方法论,是马克思主义信仰的核心内涵所在。“六个必须坚持”是马克思主义世界观与方法论的最新成果。习近平新时代中国特色社会主义思想之所以具有强大的真理力量和实践伟力,就在于坚持运用马克思主义的立场观点方法,深刻蕴含“六个必须坚持”的世界观与方法论。贯彻落实习近平新时代中国特色社会主义思想,根本在于掌握和运

---

①《马克思恩格斯选集(第一卷)》,人民出版社2012年版,第134页。

②《胡锦涛总书记在同团中央新一届领导班子成员和团十六大部分代表座谈时的重要讲话学习读本》,人民出版社2008年版,第25页。

用好“六个必须坚持”的世界观与方法论。

必须坚持人民至上。马克思主义是人民的理论，坚信人民是历史实践主体、人民是历史价值主体、人民是历史评判主体。坚持人民至上，是贯穿习近平新时代中国特色社会主义思想的一条红线。习近平总书记强调，“我们党来自于人民，为人民而生，因人民而兴”①，“以百姓心为心，与人民同呼吸、共命运、心连心，是党的初心，也是党的恒心”②；强调“民心是最大的政治”，“让人民生活幸福是‘国之大者’”，“人民对美好生活的向往就是我们的奋斗目标”。坚持人民至上，要在推进中国特色社会主义建设的历史实践中，牢记江山就是人民、人民就是江山，始终站稳人民立场、把握人民愿望，把人民放在心中最高位置，把增进人民福祉、促进人的全面发展和全体人民共同富裕作为出发点和落脚点，确保我们党的理论和路线方针政策符合最广大人民根本利益；要在推进马克思主义中国化时代化的历史实践中，贯彻群众路线、尊重人民创造、集中人民智慧，不断推进实践基础上的理论创新，使之成为人民所喜爱、所认同、所拥有的理论，使之成为指导人民认识世界和改造世界的强大思想武器。

必须坚持自信自立。“人类历史上，没有一个民族、没有一个国家可以通过依赖外部力量、跟在他人后面亦步亦趋实现强大和振兴。那样做的结果，不是必然遭遇失败，就是必然成为他人的附庸。”③中国共产党的奋斗历程表明，只有走自己的路，我们的事业才有前途和希望。自信自立、独立自主不仅是我们党在一百多年奋斗中锤炼出来的精神品质，也是我们立党立国的重要原则。习近平新时代中国特色社会主义思想生动体现着独立自主的探索和实践精神，贯穿着坚持走自己的路的坚定决心和信心。坚持自信自立，要坚持对马克思主义的坚定信仰、对中国特色社会主义的坚定信念，增强民族自尊心和自信心，在重大政治问题上有定力、有主见，不信邪、不怕鬼、不

①《习近平关于尊重和保障人权论述摘编》，中央文献出版社2021年版，第41页。
②《习近平关于全面从严治党论述摘编》，中央文献出版社2021年版，第348页。
③《在纪念毛泽东同志诞辰120周年座谈会上的讲话》，人民出版社2013年版，第21页。

怕压，任何时候任何情况下都坚定“四个自信”、真正做到“千磨万击还坚劲，任尔东西南北风”，把中国发展进步的命运牢牢掌握在自己手中。要坚信我们走自己的路，具有无比深厚的历史底蕴，具有无比广阔的舞台，具有无比美好的前景。要虚心学习借鉴人类社会创造的一切文明成果，但不能以外国的东西为圭臬，更不能照抄照搬别国的发展模式。

必须坚持守正创新。守正才能不迷失方向、不犯颠覆性错误，创新才能把握时代、引领时代。守正创新，既与中华民族几千年来恪守正道、革故鼎新的文化传统相承袭，又与我们党一贯坚持的解放思想、实事求是、与时俱进、求真务实的品格相贯通，是贯彻党的思想路线的内在要求。守正创新是中国特色社会主义新时代的鲜明气象，也是习近平新时代中国特色社会主义思想的显著标识。坚持守正创新，要以科学的态度对待科学、以真理的精神追求真理，坚持马克思主义基本原理不动摇，坚持党的全面领导不动摇，坚持中国特色社会主义不动摇，始终做到道不变、志不改。要更好地把坚持马克思主义与发展马克思主义统一起来，坚持用马克思主义之“矢”去射新时代中国之“的”，续写马克思主义中国化时代化新篇章。

必须坚持问题导向。问题就是时代的口号，“每个时代总有属于它自己的问题，只要科学地认识、准确地把握、正确地解决这些问题，就能够把我们的社会不断推向前进。”中国共产党人干革命、搞建设、抓改革，从来都是为了解决中国的现实问题，党的理论也是在不断回答时代课题中创新发展的。坚持问题导向，是马克思主义的鲜明特点，也是习近平新时代中国特色社会主义思想的鲜明风格。“时代是出卷人，我们是答卷人，人民是阅卷人。”坚持问题导向，要认真聆听时代声音，回应时代呼唤，回答时代之问，真正把握历史脉络，顺应历史大势。要增强问题意识，敢于正视问题、善于发现问题，不回避、不躲闪。要聚焦实践遇到的新问题，善于运用矛盾分析法，抓住主要矛盾和矛盾的主要方面，不断提出真正解决问题的新理念新思路新办法，不断开创事业发展的新局面。

必须坚持系统观念。万事万物相互联系、相互依存。系统观念是辩证唯物主义的重要认识论和方法论。只有坚持系统观念,用普遍联系的、全面系统的、发展变化的观点观察事物,才能把握事物发展规律。善于运用系统观念观察和解决问题,是我们党在长期实践中形成的优良传统。习近平新时代中国特色社会主义思想实现了对马克思主义普遍联系的观点的继承和发展,真正将系统思维贯穿其中,是运用系统观念全面指导社会主义现代化建设的典范。我们的事业越是向前发展,越将面临更加深刻复杂变化的环境,需要更加自觉地坚持和运用系统观念观察形势、分析问题和推动工作。坚持系统观念,要正确把握全局和局部、当前和长远、宏观和微观、主要矛盾和次要矛盾、特殊和一般的关系,善于透过历史看现实、透过现象看本质。要坚持运用战略思维、历史思维、辩证思维、系统思维、创新思维、法治思维、底线思维,前瞻性思考、全局性谋划、整体性推进党和国家各项事业。

必须坚持胸怀天下。实现全人类解放和每个人的自由全面发展,是马克思主义信仰的最高理想和价值追求。中国共产党是为人民谋幸福、为民族谋复兴的党,也是为人类谋进步、为世界谋大同的党。坚持胸怀天下的世界观和方法论,集中体现了马克思主义立足人类解放的理想和胸怀。习近平新时代中国特色社会主义思想主张构建人类命运共同体,弘扬和平、发展、公平、正义、民主、自由的全人类共同价值,推动建设相互尊重、公平正义、合作共赢的新型国际关系,为解决人类重大问题,建设持久和平、普遍安全、共同繁荣、开放包容、清洁美丽的世界,贡献中国智慧和中国方案。坚持胸怀天下,要不断拓展世界眼光,关注人类前途命运,始终站在历史正确的一边,站在人类文明进步的一边。要推动构建人类命运共同体,积极回应各国人民普遍关切,共同应对各种全球性挑战,为改革和完善全球治理体系贡献力量。要以海纳百川的宽阔胸襟借鉴吸收人类一切优秀文明成果,推动不同文明交流互鉴,促进各国人民相知相亲,在美人之美、美美与共中建设更加美好的世界。

第二章　做中国式现代化的热忱建设者

中国式现代化坚持独立自主、自力更生，依靠全体人民的辛勤劳动和创新创造发展壮大自己。实践证明，中国式现代化绝不是说出来的，而是脚踏实地干出来的，广大党员干部和人民群众，唯有实干担当、不懈奋斗，做中国式现代化的热忱建设者，才能铺就强国复兴的“康庄大道”。新时代，中国式现代化的热忱建设者需要有为民情怀、实干作风和创新精神，这与雷锋精神内涵高度契合，中国式现代化的热忱建设者需要用雷锋精神武装头脑、坚定信念、增强本领，弘扬雷锋精神能让建设者更具热忱，更好地推进中国式现代化建设，助推中华民族伟大复兴早日实现。

一、中国式现代化离不开实干担当的热忱建设者

万丈高楼平地起，中国式现代化需要千千万万的热忱建设者，中国式现代化也离不开千千万万实干担当的热忱建设者。习近平总书记强调：“要教育引导广大党员、干部胸怀‘国之大者’，紧紧围绕新时代新征程党的中心任务，真抓实干、务求实效，聚焦问题、知难而进，以‘时时放心不下’的责任感、积极担当作为的精气神为党和人民履好职、尽好责，以新气象新作为推动高质量发展取得新成效，依靠顽强斗争打开事业发展新天地。”实干担当是我们党成就伟业的重要法宝。一代又一代人苦干实干、担当作为，创造了一个又一个彪炳史册的人间奇迹。中国式现代化走得通、行得稳，是强国建设、民族复兴的唯一正确道路。在推进中国式现代化的新征程上，面对深刻变化的国际国内发展形势，面对光荣伟大的民族复兴历史使命，面对艰巨繁重

的现代化建设事业和改革发展稳定任务，唯有坚定苦干实干的信念，不断锤炼“越是艰险越向前”的拼搏胆量，扑下身子干实事、谋实招、求实效，以抓铁有痕、踏石留印的决心和勇气，才能打开工作新局面，在中国式现代化的新征程上展现实干担当。

以中国式现代化推进中华民族伟大复兴需要脚踏实地、实干担当的热忱建设者。新征程是充满光荣和梦想的远征，没有捷径，唯有实干。我们必须拿出“拼”的精神和“闯”的劲头，以“风摧雨折不改其志”的初心、以“铁肩膀挑重担”的霸气和“敢教日月换新天”的胆气，才能战胜前进道路上的各种困难和挑战。推进中国式现代化不可能一帆风顺，更不可能一朝一夕完成，必须以“一张蓝图绘到底，一茬接着一茬干”的恒心毅力，保持“风雨不动安如山”的政治定力，和“功成不必在我，功成必定有我”的胸襟，不断增强不避难、敢迎难的自觉与担当，以雷厉风行、精进不怠的精气神把中国式现代化向前推进。

空谈误国，实干兴邦；一分部署、九分落实。习近平总书记强调：“为者常成，行者常至，历史不会辜负实干者。我们靠实干创造了辉煌的过去，还要靠实干开创更加美好的未来。”推进中国式现代化，是一项前无古人的开创性事业。实现强国建设、民族复兴是党中央赋予年轻干部的历史使命。在全面建设社会主义现代化国家的进程中，必须把握新发展阶段的特征与要求，完整、准确、全面贯彻新发展理念，加快构建新发展格局，坚持以高质量发展推进中国式现代化。广大党员干部和人民群众，特别是年轻一代应当心怀“国之大者”，在中国式现代化建设中争当排头兵和生力军，不断激扬砥砺干事创业、善作善成的奋斗激情。敢于自找苦吃，下定想干事的决心，蓄足想干事的动力，绷紧“只争朝夕、不负韶华”的思想之弦，胸怀“踏平坎坷成大道，斗罢艰险又出发”的顽强意志，拿出“等不起”的紧迫感、“慢不得”的危机感、“坐不住”的责任感，以“时时放心不下”的责任感和“不破楼兰终不还”的决心，立说立行、善作善成，坚持不懈、久久为功，以钉钉子精神解难题、抓落实，在全面建设社会主义现代化国家新征程中担当使命、贡献力量，铺就强国复兴的“康庄大道”。

二、做一个热忱建设者需要学习践行雷锋精神

做一个中国式现代化的热忱建设者，需要有为民情怀，需要有艰苦奋斗的品质，需要有爱岗敬业的精神，也需要有创新求变的意识。

（一）做一个中国式现代化的热忱建设者需要雷锋精神的为民情怀

中国共产党“为人民服务，敢于担当”的执政理念，完美地体现了社会主义终极意义①。长久坚持为人民服务更加需要的是朴素的阶级情感。只有具有朴素的阶级情感，才能够从广大人民的根本利益出发来考虑问题，才会坚持权为民所用、情为民所系、利为民所谋，才能够真正得到人民群众发自内心的拥护。这是一个根本的阶级立场问题，任何时候我们都不能够忘记这个根本，为人民服务是一项长期的使命，必须一切以人为本，不能脱离群众②。只有坚持这种正确的阶级立场，我们才能够得到人民群众发自内心的拥护和支持，社会主义事业才会更加欣欣向荣。

只有具备朴素的阶级感情，才能主动掌握为人民群众服务的本领。随着互联网的发展，人们的思想日益受到外部思想的影响和冲击，新情况、新问题不断出现，要冷静面对、从容处理好这些新事物，必须具备应对新挑战的本领。有了朴素的阶级感情，就能够激发主动性，激活使命感，从对历史负责、对社会发展负责、对人民群众负责的角度出发，主动掌握那些新的本领，把自己锻炼成符合时代要求、符合人民希望的人才，不辜负人民的重托。

只有具备朴素的阶级感情，在遇到挫折和不理解时，才能够放开胸怀、敞开心扉。在为人民群众服务的过程中，很多时候因为时间、环境、条件的限制，我们做的一些事情在特定的历史条件不能够为人民群众所理解，不能够为人民群众所满意，一些群众甚至对我们的所作所为有怨言，只有具备朴

①刘先春，王小鹏：《为人民服务敢于担当——习近平执政理念研究》，《理论探讨》2016第2期。
②薛安泰：《论共产党人的价值观:为人民服务》，《学习论坛》2017年第2期。

素的阶级感情，才能够以博大的胸襟来面对和处理这些问题，主动进行换位思考，用开放包容的心态去理解群众的需要，不埋怨人民群众没有历史眼光，不责备人民群众有时代局限。

（二）做一个中国式现代化的热忱建设者需要雷锋精神的艰苦奋斗

历史演进到了21世纪，我们的国家发生了翻天覆地的巨大变化。经过40多年的改革开放，我们在经济建设领域取得了辉煌的成就，告别了历史上一直困扰着我们的短缺经济时代，告别了那些伴随着人们日常生活的布票、肉票、粮票。当今的神州大地正历经沧桑巨变，不论是“神舟飞天”还是“蛟龙下海”，不论是G20峰会还是“一带一路”峰会，不论是港珠澳大桥还是“中国高铁”，我们用自己的勤劳与智慧正创造着一个又一个的奇迹[①]。我们的商品从来没有像今天这样丰富，我们的钱包从来没有像今天这样充盈，我们的政府从来没有像今天这样富有财力，我们的舆论从来没有像今天这样鼓励我们消费。那么，今天我们还要不要重提艰苦奋斗精神呢？

要回答这样一个问题，首先要对中国现阶段的国情有着全面而深刻的认识，在习近平总书记的带领下，中华儿女要毫不动摇地建设伟大事业[②]。然而，必须认清这样一个事实，虽然中国已经在改革开放的伟大历程中取得了辉煌成就，但是从国家发展阶段来看，总体上依然是发展中国家，我国正处于并将长期处于社会主义初级阶段的性质没有改变。尽管我国超越了日本占据世界经济总量的第二位，但是在人均国民生产总值上，日本却是我们的数倍。

与此同时，我们的资源和环境也无法支撑我们过度消费，必然要求我们艰苦奋斗。如果参照美国人均能源消费标准，那么即便是全世界的能源都

①《中国经济发展前景一定会更加光明——论习近平主席在第二届中国国际进口博览会开幕式上主旨演讲》，《人民日报》2019年11月10日。

②《高举中国特色社会主义伟大旗帜，为决胜全面小康社会实现中国梦而奋斗》，《人民日报》2017年07月27日。

供给我国都不敷使用。我国人口众多,人均资源有限,这是制约中国经济社会持续发展的瓶颈。解决资源瓶颈制约的唯一出路在于走经济、社会、人口与资源协调发展的可持续发展之路,这就要求我们有效地开发和利用有限的资源,珍视和节约宝贵的资源。如果不能艰苦奋斗,经济发展就不能持续下去,社会发展也将陷入停顿。

推进伟大事业,是为了实现中华民族伟大复兴的中国梦[①]。我国的改革开放已进入攻坚阶段,步入深水区,触及社会发展的深层次矛盾,解决矛盾和问题需要极大的毅力和勇气。如果没有艰苦奋斗的精神,改革开放要进一步深入就非常困难。在这样的历史关头,尤其需要我们具备艰苦奋斗的精神、无畏前行的勇气,实现改革的深化。

作为个人而言,艰苦奋斗应作为一种精神追求:“成由勤俭败由奢”,只有团结全国各族人民,用艰苦奋斗的精神建设我们的社会和国家,才能推进中国式现代化建设,创造更加美好幸福的未来。

(三)做一个中国式现代化的热忱建设者需要雷锋精神的爱岗敬业

爱岗敬业是雷锋精神的具体体现。雷锋不论干什么,都有对工作发自内心的真诚热爱,干一行,爱一行,钻一行,精一行。就我们今天来看,要实现中华民族伟大复兴仍然需要爱岗敬业。爱岗敬业是个人和集体发展的必要条件。目前,我国实行的是求职者与用人单位的双向选择。对用人单位而言,那些具有爱岗敬业精神的人,往往是其理想的选择。业精于勤,这个社会仍然需要脚踏实地的人,如果一切只以个人兴趣为判断标准,很有可能造成社会人力资源的浪费,给个人或者用人单位带来不可估量的损失[②]。

从社会发展的角度来看,爱岗敬业也是必需的。随着我国经济社会的发展,社会分工日益细化,对一个城市来说,没有人当市长是不行的,没有人

①谢俊:《伟大斗争、伟大工程、伟大事业、伟大梦想战略思想构析——实践新路径的理论表征》,《西南政法大学学报》2017年第6期。

②李升:《价值观里看信仰(下)》,《中国天主教》2019年第2期。

去扫地、清除垃圾也是不行的。想当市长的人很多,想扫地的人却不一定很多。但在一个城市里,市长只需要一人,清洁工人却需要很多人。如果清洁工不能爱岗敬业,整个城市将臭气熏天、蚊蝇遍地、污水横流。没有普通大众的认真负责、尽心尽力,社会这部大机器就不能正常运转,就不能发展进步。

在自己的工作岗位上任劳任怨、踏踏实实、精益求精的人通常具备爱岗敬业的精神。一个人只有爱岗敬业,才会充满对所从事事业的自豪感、荣誉感、使命感,才能自觉将精通业务当作自己不懈的追求,才会从内心深处迸发出忘我工作的激情,才能将职业当作事业,将事业看得重于生命,从而完成人生的自我升华。

(四)做一个中国式现代化的热忱建设者需要雷锋精神的创新意识

从雷锋的成长经历与生平事迹中可知,雷锋是名副其实的时代先锋,他敢闯敢冒,勇于探索,充满开拓意识。他当过学生、农民、公务员、国有农场职工、工人、解放军战士,在党和人民需要的岗位上,无论干哪一行,他都不甘平庸、脚踏实地、永不懈怠、追求卓越。雷锋精神在深层次的内涵上体现出一种锐意进取、自强不息、敢为人先的创新精神,而这正是中国式现代化热忱建设者必备的优秀品质。

雷锋具备求新重变的创新意识。雷锋从小就受到湖湘文化精神的熏陶,继承了“敢为人先”的优秀品质。上小学时的雷锋,就表现出开朗、活泼、爱动的性格,他动手能力强,喜欢制作一些新的东西。在集体活动中,他积极地展现自己的才能,如学校里组织的跳舞、学普通话、演讲比赛、打球、政治学习等各种活动都少不了雷锋的身影,被同学戏称为“浮头鱼”。他主动要求加入学校组织的研制矿石收音机的攻关小组,当时制作矿石收音机是一项时尚的课外无线电科技活动,购买电子器材需花钱,雷锋成为捐款最多的学生,在没有图纸资料和零配件的情况下,他和伙伴一块儿步行六十多里路,赶到长沙参观学习,最后矿石收音机制作成功了,并作为礼物向党的生日献礼,被雷锋捧上大礼堂的舞台。少年雷锋追求新生事物、敢于创新的意识就此萌芽成长。

雷锋是个好学多才的青年,善于接受新生事物。他会拉手风琴、吹口琴、跳舞,也酷爱照相。雷锋还是一个文学青年,做过文学梦,不仅写过诗歌、散文,还写过小说,文章也已见于报端。雷锋留给同事的印象,一是人格好,二是业务精,三是爱学习。雷锋生前的战友这样评价他:"雷锋干什么都有一股劲!""雷锋,素质好,看问题角度新,我们一般人比不了。"雷锋最亲密的战友说:"雷锋即使活在当代,也决不会是一个平庸之人。"

雷锋具备永不满足的创新精神。雷锋干一行爱一行、专一行精一行。对待工作,他总是兢兢业业,精益求精,永不自满。雷锋到鞍钢后,虚心向老工人师傅学习,技术水平提高很快,在较短的时间里就掌握了开推土机的技术。他在工作中发现,因推土机出故障,等待维修工人修理要耽误很长时间,影响了生产。于是,他利用业余时间向修理工人学习维修技术,在很短的时间内,就掌握了推土机的一般故障的排除方法。在工作时,一旦推土机出了故障,他就能及时地排除,既节省了维修的费用,又保证了生产的顺利进行。雷锋的主人翁精神和争创一流的工作态度,在工友中引起了很大反响,他的经验很快在车间推广起来。很多工人既能操作又能维修,成了生产多面手。雷锋爱护机器设备,精心操作和维护,一有时间就去保修推土机,从而保证了设备的完好率。他使用的推土机多次被评为工厂和车间的红旗设备,受到领导和同志们赞扬。雷锋在出色地完成自己的本职工作任务后,还发扬互助协作的精神,看到别的岗位和同志有困难,他就主动地去支援,因此他多次被评为单位的生产标兵和红旗手。

第三章　做中华优秀传统文化的传承弘扬者

雷锋精神产生于20世纪60年代，一甲子以来经久不衰、历久弥新，雷锋是一个时代的楷模，雷锋精神是永恒的。2023年是毛泽东等老一辈革命家为雷锋同志题词60周年，中共中央举办的纪念座谈会上传达了习近平总书记的重要指示："新征程上，要深刻把握雷锋精神的时代内涵……让雷锋精神在新时代绽放更加璀璨的光芒，为全面建设社会主义现代化国家、全面推进中华民族伟大复兴凝聚强大力量。"雷锋精神是五千年优秀中华文化和红色革命文化的结合。[①]学雷锋内蕴着弘扬中华优秀传统文化之维。

习近平总书记勾勒出了中华优秀传统文化的核心要义。"世界上一些有识之士认为，包括儒家思想在内的中国优秀传统文化中蕴藏着解决当代人类面临的难题的重要启示。"[②]比如，关于天下为公、大同世界的思想，关于仁者爱人、以德立人的思想，关于以诚待人、讲信修睦的思想，关于自强不息、厚德载物的思想，关于苟日新日日新又日新、革故鼎新、与时俱进的思想，等等。中国优秀传统文化中的人文精神、道德理念等，不仅可以为新时代治国理政实践提供重要启发启示，也能够为道德建设发挥重要推动作用。

习近平总书记强调了新时代弘扬雷锋精神的重要维度。雷锋同志及其"传人"，他们"身上所具有的信念的能量、大爱的胸怀、忘我的精神、进取的锐气，正是我们民族精神的最好写照……大力激发社会正能量，为实现'中

①习近平：《参观抚顺市雷锋纪念馆时的讲话（2018年9月28日）》，《共产党员》2019年第4（下）期。

②《习近平著作选读（第一卷）》，人民出版社2023年版，第277-278页。

国梦'提供强大精神动力。"[①]习近平总书记关于传承中华优秀传统文化的重要论述、关于弘扬雷锋精神的重要论述，为新时代学雷锋明确了正确方向、提供了科学指引，在新时代新征程上学雷锋要做中华优秀传统文化的传承弘扬者。

一、传承关于天下为公、大同世界的思想，弘扬雷锋"信念的能量"

"天下为公、大同世界"是儒家提出的一种理想社会。在文化传承发展座谈会上，习近平总书记指出："中华优秀传统文化有很多重要元素，比如，天下为公、天下大同的社会理想……共同塑造出中华文明的突出特性。"[②]做中华优秀传统文化的传承弘扬者，传承关于天下为公、大同世界的思想就是要弘扬雷锋同志"信念的能量"。崇高的信仰、坚定的信念并不是那样的高不可攀，雷锋同志及其"传人"都是很鲜活的例子，他们一辈子持续坚持为党和人民无私奋斗，若没有崇高的信仰和坚定的信念，是难以做到的。

（一）中华优秀传统文化中关于天下为公、大同世界的思想

中华优秀传统文化中关于天下为公、大同世界的思想集中表现为《礼记·礼运》中的一段经典表述："大道之行也，天下为公，选贤与能……力恶其不出于身也，不必为己。是故谋闭而不兴，盗窃乱贼而不作，故外户而不闭，是谓大同。"

中华优秀传统文化中关于天下为公、大同世界的思想产生于原始社会时期的血缘氏族意识，在此基础上形成了今天"集体主义"的意识萌芽。在当时，人们在自然力量面前极其弱小，氏族集体意味着生存，为了生存繁衍下去，氏族成员在历史传承中主动选择维护氏族整体利益，不惜牺牲性命也

①习近平：《在参加十二届全国人大一次会议辽宁代表团审议时的讲话（2013年3月6日）》，《共产党员》2019年第4（下）期。

②习近平：《在文化传承发展座谈会上的讲话》，《求是》2023年第17期。

要维护氏族集体利益。在这种社会环境中形成了“氏族利益重于个人利益”的集体意识和观念，成为“公”的思想的开端。这种为“公”的思想，是东方大地上形成的“默会知识”或生存性智慧，在初步战胜自然的过程中尝到了从“必然王国”迈向“自由王国”的甜头。及至夏、商、周时期，不仅实现了由原始社会向奴隶社会的过渡，而且出现了以阶级分化为基础的奴隶制国家形态。社会结构从血缘氏族关系演进到族权政权形态，实现了由“母系”掌权的“后”权向“父系”掌权的“王”权转变，产生了以“王”为中心的奴隶制国家形态。《诗经·小雅·北山》指出：“溥天之下，莫非王土，率土之滨，莫非王臣。”意思是说，天下是“王”的“私产”，从另一面即老百姓的角度又反映出“王”的权力的“公”之性质，即“王”是“代表”整个天下来行使权力的，如“以公灭私，民其允怀”“雨我公田，遂及我私”等。在奴隶制关系崩溃瓦解的过程中，封建制关系如封建政治关系、封建经济关系等萌芽成长，在社会意识层面上的表现是春秋战国时期日益摆脱奴隶制社会“巫文化”的支配影响，开始向封建“人文文化”转变，在此基础上形成封建文化形态。在奴隶社会向封建社会演进的过程中涌现出众多历史人物，包括著名军事家、政治家以及伟大的思想家。孔子就是影响深远的思想家。孔子曰：“公而无私便是仁。”孔子较早对“仁”和“公”之间的关系进行理论性思考，在此基础上形成了关于“天下为公”的思想。就其思想提出的背景而言，“天下为公”的思想明显代表着当时新兴地主阶级的政治诉求和愿望，具有一定社会基础，亦反映了当时社会发展前进方向。[①]在春秋战国时期，整个社会呈现出过渡时期的社会面貌。一方面，以封建制关系为内核的新社会秩序还没有完全确立起来；另一方面，以奴隶制关系为表征的旧社会秩序日益崩坏瓦解。为此，《孟子·滕文公下》指出，当时的社会状况是“世道衰微，邪说暴行有作，臣弑其君者有之，子弑其父者有之”。当时的士大夫或儒家知识分子对于这样一种社会状况可谓“心急如焚”，他们医治社会弊病的“药方”是借孔子之口，托称“三代圣王

---

①吴东生，张凤仙：《“天下为公”思想的历史沿革及发展——论毛泽东“为人民服务”思想的渊源及其特点》，载《历史文化与精神文明建设》，河北大学出版社1995年版，第209-222页。

之世”，突出强调“天下为公”的社会伦理观念，进而提出亘古高远的“大同”社会愿景。[①]在汉代，董仲舒提出“罢黜百家，独尊儒术”。儒家思想上升为封建主流意识形态后，兼跨“四书五经”的《礼记》等成为封建社会治国理政的重要典籍，其所承载的天下为公、大同世界等观念深刻影响漫长的封建社会，构成中华优秀传统文化中获得普遍认同的重要内容或信念内涵。[②]

雷锋“信念的能量”或雷锋精神内涵中“信念的能量”，不仅来源于马克思主义的理想信念内涵，更是拥有深厚的历史文化背景、深受中华优秀传统文化中关于天下为公、大同世界思想之影响。也就是说，雷锋身上之所以具有“信念的能量”或雷锋精神内涵中之所以具有“信念的能量”，是因为雷锋成长在中华大地上，深受中华优秀传统文化熏陶。

（二）雷锋精神与关于天下为公、大同世界思想的契合

习近平总书记指出：“马克思主义和中华优秀传统文化来源不同，但彼此存在高度的契合性。比如，天下为公、讲信修睦的社会追求与共产主义、社会主义的理想信念相通。”[③]雷锋作为传承弘扬中华优秀传统文化的中国共产党中的一员或优秀杰出分子，亦是中华优秀传统文化中关于天下为公、大同世界思想的忠实继承者和弘扬者。雷锋精神与中华优秀传统文化中关于天下为公、大同世界思想的契合可以从两大维度来看。

一方面，中华优秀传统文化中关于天下为公、大同世界的思想深刻影响着中国共产党，亦影响着雷锋及其精神内涵。雷锋精神与中华优秀传统文化中关于天下为公、大同世界思想的契合，在很大程度上与毛泽东等老一辈革命家对雷锋同志的深刻影响是分不开的。毛泽东等老一辈革命家深受中华优秀传统文化中关于天下为公、大同世界思想的影响。20世纪初，我国早期接受、传播马克思主义的知识分子，均以儒家的“大同”理想来理解共产主

---

①陈甜：《“天下为公”思想的历史渊源与深远意义》，《旗帜》2023年第1期。
②薛小林：《<礼记>：一个民族的生活理想与精神物质》，《中国民族》2023年第10期。
③习近平：《在文化传承发展座谈会上的讲话》，《求是》2023年第17期。

义的内涵，把共产主义看作历史传统道德的要求、伦理的必然。[1]继孔子凝练“天下为公”思想后，经过孙中山等，毛泽东提出了“为人民服务”思想。党和毛主席的教导对雷锋产生了深刻的影响，这在他平时的言行中得到了充分体现。1959年9月，19岁的雷锋在鞍钢的授奖大会上深情地说道，像他这样穷人家出身的孤苦伶仃的孩子，还能够参加光荣的授奖大会，心里感到无比的荣光，这一切都要归功于党和毛主席对他的教育培养，这一切都是敬爱的党给他的，是党和同志们让他懂得一个道理，就是一朵鲜花打扮不出美丽的春天来，“百花齐放”的局面才会产生“春色满园”的好结果。[2]中华优秀传统文化中关于天下为公、大同世界的思想成为雷锋坚守马克思主义信仰的深层历史文化底蕴。

另一方面，雷锋精神与关于天下为公、大同世界思想的契合有着极为丰富的具体或细节表现。一者，表现在他对集体主义、爱国主义、共产主义信念的信奉上。集体主义、爱国主义、共产主义信念是中华优秀传统文化中关于天下为公、大同世界思想之马克思主义中国化的时代表现形式。1959年11月15日，雷锋在入党申请书中写道：“我志愿申请加入伟大的中国共产党……我要永远忠实于党，忠实于人民，作一个名副其实的共产党员，为党的崇高事业奋斗到底！”[3]1961年10月3日，他在日记本上立志：革命者的人生目标应当是为共产主义、为人类解放奉献毕生的精力乃至生命。[4]二者，表现在他对集体主义、爱国主义、共产主义信念的践行上。1957年12月，连续几天暴雨，河水上涨，大堤工地出现险情。17岁的雷锋在指挥部值班，见情况危急，在给指挥部的女同志留下一张便条后，便冒雨赶往抢险地段，和抢险的同志们一起投入紧张的战斗，直到将所有防汛物资转移到安全地带后，他才与大家一起回到指挥部休息。[5]知晓辽宁抚顺市望花区的一个人民公

①廖荣榆：《大同思想——马克思主义植根中国的文化缘由》，《黎明职业大学学报》2008年第1期。
②余旭阳，邹文：《雷锋年谱》，湖南人民出版社2022年版，第132页。
③余旭阳，邹文：《雷锋年谱》，湖南人民出版社2022年版，第138页。
④《雷锋全集》，华文出版社2012年版，第54页。
⑤余旭阳，邹文：《雷锋年谱》，湖南人民出版社2022年版，第66页。

社成立，雷锋就用平时节约的100元钱支援其搞公社建设；知道省内某地市遭洪水后，雷锋就把平时省吃俭用省下来的100元捐给灾区群众。对此，身边的一些战友不仅不理解他，还讥讽这种行为是“傻子”行为，但他却认识到，向着党、社会主义和共产主义只能长一个心眼，若说这样就是“傻子”，那他是甘愿做这样的“傻子”的。[①]

（三）传承关于天下为公、大同世界的思想，要弘扬雷锋的“信念精神”

雷锋精神与中华优秀传统文化中关于天下为公、大同世界的思想有着深度的内在契合，传承天下为公、大同世界的思想，雷锋及其“传人”身上“信念的能量”仍是一面旗帜，在新时代的新征程上仍要弘扬雷锋的“信念精神”。

一方面，传承中华优秀传统文化中关于天下为公、大同世界的思想，要像雷锋那样真学笃信党的基本理论。传承中华优秀传统文化中关于天下为公、大同世界的思想，在当代中国就是要真学笃信党的基本理论，包括马克思列宁主义、毛泽东思想、邓小平理论、“三个代表”重要思想、科学发展观，在新时代，就是要学思践悟习近平新时代中国特色社会主义思想。习近平总书记指出：“理想信念的坚定，来自思想理论的坚定。认识真理，掌握真理，信仰真理，捍卫真理，是坚定理想信念的精神前提。”[②]坚定信仰马克思主义，学习掌握马克思主义，用马克思主义特别是习近平新时代中国特色社会主义思想武装头脑，是坚定理想信念的基石。正是因为始终坚持马克思主义信仰、始终坚持马克思主义基本原理，中国共产党在100多年的奋斗历程中，立足中国实际，洞察历史规律，把握时代大势，领导人民取得革命、建设和改革的伟大成就。雷锋曾说：“人不吃饭不行，打仗没有武器不行，开车没有方向盘不行，干革命不学习毛主席著作不行！”[③]为“当个像样的兵”，雷锋

①《雷锋全集》，华文出版社2012年版，第19页。
②《习近平谈治国理政（第二卷）》，外文出版社2017年版，第50页。
③《雷锋全集》，华文出版社2012年版，第42页。

一贯坚持学习毛主席著作，以毛泽东思想为指路明灯。《雷锋日记》140多篇，其中69篇倾诉了他对党和毛主席的深厚感情和对理想信念的信仰。[①]当前和今后一段时期，我们要以雷锋学“毛选”那样的热情和执着，学懂、弄通、真信、真用习近平新时代中国特色社会主义思想这一党的创新理论最新成果，将贯穿于该思想中的立场观点方法落细落实落地，在坚持人民至上上下功夫、在坚持自信自立上下功夫、在坚持守正创新上下功夫、在坚持问题导向上下功夫、在坚持系统观念上下功夫、在坚持胸怀天下上下功夫。

另一方面，传承中华优秀传统文化中关于天下为公、大同世界思想，要像雷锋那样始终保持政治上的坚定。共产党人不是“坐而论道”者，传承中华优秀传统文化中关于天下为公、大同世界的思想，不仅要真学笃信党的理论，更要坚决践行党的理论，始终保持政治上的坚定。一切为了广大人民群众，一切依靠广大人民群众，为绝大多数的人民群众谋利益，矢志于实现最广大人民群众的根本利益和切身利益，始终是马克思主义永不褪色的鲜明政治立场。我们党是马克思主义政党，是世界上最大的马克思主义执政党，一心为中国最广大人民群众的根本利益而奋斗。从旧社会被拯救出来、成长在新社会中的雷锋深爱着党，“党叫我干什么，我就干什么，决不讲价钱”[②]。雷锋从通信员到当农民，从农民到当工人，再从工人到参军等，都是积极响应党的号召。坚定理想信念的问题，是一个理论问题，更是一个真切的实践问题。只有厉行实践，让理想信念照进现实，其价值和意义才能得到真正凸显。雷锋及其“传人”身上的雷锋精神，其可贵之处，就在于那种“于平凡之中现伟大、于细微之处现精神”的宝贵品质，切实认真地把远大的理想信念化作兢兢业业的具体实际行动。新时代新征程，学习践行雷锋信念精神，就是要认真学习马克思主义及其中国化时代化的最新理论成果，坚持用习近平新时代中国特色社会主义思想武装头脑、指导实践、推动工作。一是要坚定拥护“两个确立”、坚决做到“两个维护”，始终坚持执政为民，以满

①修长智：《对新形势下传承弘扬雷锋精神的思考》，《政工学刊》2016年第3期。

②《雷锋全集》，华文出版社2012年版，第16页。

腔的爱国情怀，做人民的勤务员，增强“以人民为中心”的自觉意识；[①]二是要将党的理论所承载的理想信念化作工作热情、化作工作高标准、化作工作责任，筑牢信仰之基，矢志不渝投身夺取全面建设社会主义现代化国家新胜利的伟大斗争之中。[②]

二、传承关于仁者爱人、以德立人的思想，弘扬雷锋“大爱的胸怀”

仁者爱人、以德立人思想是中华优秀传统文化的重要组成部分。在文化传承发展座谈会上，习近平总书记指出：“中华优秀传统文化有很多重要元素，比如……民为邦本、为政以德的治理思想……厚德载物、明德弘道的精神追求……共同塑造出中华文明的突出特性。”[③]做中华优秀传统文化的传承弘扬者，传承关于仁者爱人、以德立人的思想就是要弘扬雷锋同志“大爱的胸怀”。在习近平总书记看来，新时代要学习雷锋同志的幸福感。雷锋虽然只活了22年，但他的幸福观却具有跨越时代的力量。什么是幸福？雷锋说，“爱人”或为人民服务就是人世间最大的幸福。

（一）中华优秀传统文化中关于仁者爱人、以德立人的思想

从雷锋精神内涵中“大爱的胸怀”隐约可见中华优秀传统文化中关于仁者爱人、以德立人思想的影子。中华优秀传统文化中关于仁者爱人、以德立人的思想内涵丰富，其中“仁者爱人”是“爱人”的内在理念和灵魂，而“以德立人”则是“爱人”的外在要求和标准。

一方面，“仁者爱人”是“爱人”的内在理念和灵魂。“仁者爱人”是儒家思想的核心命题，也是儒学价值观的基本理念。“仁者爱人”这一思想理念的形成，一者，源于对“上古三代”殷周时期之“民本”思想的继承发展，具有源远

①朱丽颖：《论雷锋精神与新时代党的执政理念》，《沈阳师范大学学报（社会科学版）》2019年第3期。

②唐泽勇：《弘扬雷锋精神，坚定理想信念》，《党史博采》2013年第4期。

③习近平：《在文化传承发展座谈会上的讲话》，《求是》2023年第17期。

流长的重要伦理和道德品性；二者，源于春秋时期经济社会发展的时代需要，特别是当时执政者稳定社会秩序的政治需要。整体观之，传统文化中的"仁者爱人"思想理念的发展历程可分为四个阶段：第一阶段，以孔子、孟子、荀子等思想家为代表，可称之为周秦时期的原始儒家"仁者爱人"思想理念。第二阶段，以董仲舒、韩愈等大学者为代表，可称之为汉唐时期的儒家"仁者爱人"思想理念。该时期的思想吸收了先秦之道家、阴阳家、墨家等流派的思想内容，后世将之归结为"新仁爱"思想。第三阶段，佛道思想、易经思想等被融入"仁爱"思想理念，可称之为宋元明清时期的新儒家"仁者爱人"思想理念。第四阶段，以谭嗣同、康有为等政治思想家为代表，可称之为晚清至现代时期的新儒家"仁者爱人"思想理念。该时期思想将传统的"仁爱"思想跟来自西方的平等、博爱等现代价值理念勾连在一起。[①]"仁者爱人"是"爱亲"与"爱众"的统一，儒家所主张的"仁爱"价值理念并不局限于"爱亲"意义上的"孝悌之爱"，而是有着延伸和扩展，亦即具有"超越自我"或"爱众"意义上的"普遍之爱"面相。《论语·学而》亦指出："弟子，入则孝，出则悌，谨而信，泛爱众，而亲仁。""仁者爱人"既呈现为"亲子""手足"之爱意义上的"爱亲"，又呈现为大众之爱或大爱意义上的"爱众"，彰显着我国儒家思想以"仁者爱人"为核心价值的道德教育思想理念。[②]

另一方面，"以德立人"是"爱人"的外在要求和标准。若说"仁者爱人"是"爱人"的内在理念和灵魂，那么，"以德立人"就是"爱人"的外在要求和标准。"以德立人"在实践中亦表现为"爱人"，不过更多地呈现为一种作为外在要求的道德准则。有文献表明，"德"这一概念出现得很早，比如，在甲骨文中就能见到"德"的初文，在卜辞中我们的先人将"德"书写成"值"，一般与"直"字相通。到周朝时期，其统治集团在反思殷商教训、总结治国得失的基础上意识到"天命"在于"惠民"，得出"皇天无亲，惟德是辅"的政治性判断。

①吴根友：《"仁爱"思想及其在当代的意义》，《儒学的当代使命——纪念孔子诞辰2560周年国际学术研讨会论文集》（第二册），第389-404页。

②刘洁：《"仁者爱人、以德立人"的实现路径》，《中共山西省委党校学报》2021年第4期。

意思是说，统治者的“天命眷顾”，关键在于统治者的“德”，统治者在政治上有“德”才会有“天命”的垂青。及至春秋中晚期，“德”被用来规范和指引贵族统治阶层的行为，如“慎杀”“保民”“慎罚”“惠民”等，这时的“德”已经有了“得”的内涵含义，即让被统治者有所“获得”，要求统治者施恩行善、取悦民心。《说文解字注》将“德”解释成：内得于己，谓身心所自得也；外得于人，谓惠泽使人得之也。在《孟子·公孙丑下》中，孟子曰：“得道多助，失道寡助。”所谓的“寡助”者就是其亲人亲戚都反对他，“亲戚畔之”；所谓的“多助”者就是天下人都拥护他，“天下顺之”。换言之，一个人包括统治者只有“明大德、守公德、严私德”，才能真正实现“人心归附”，而一个人包括统治者道德修养不足，不仅不可能成为“仁”者，而且大家都会背离或反对他。[①]《大学》对此一针见血：“自天子以至于庶人，壹是皆以修身为本。其本乱而末治者，否矣。其所厚者薄，而其所薄者厚，未之有也。”“以德立人”秉承“仁者爱人”之泛化思维，不仅是“爱亲”的外在要求和标准，更是“爱众”的外在要求和标准，易言之，是“爱人”或大爱的外在要求和标准。

不论“仁者爱人”是“爱人”的内在理念和灵魂，抑或“以德立人”是“爱人”的外在要求和标准，中华优秀传统文化中关于仁者爱人、以德立人的思想可谓集中体现为“爱人”、大爱，彰显着“大爱的胸怀”。

（二）雷锋精神与关于仁者爱人、以德立人思想的契合

习近平总书记指出，中国共产党人始终是中华优秀传统文化的忠实继承者和弘扬者。[②]雷锋同志作为传承弘扬中华优秀传统文化之中国共产党中的一员或优秀杰出分子，亦是中华优秀传统文化中关于仁者爱人、以德立人思想的忠实继承者和弘扬者。雷锋精神与中华优秀传统文化中关于仁者爱人、以德立人思想的契合可以从两个维度来看。

一方面，中华优秀传统文化中关于仁者爱人、以德立人的思想深刻影响

---

①刘洁：《“仁者爱人、以德立人”的实现路径》，《中共山西省委党校学报》2021年第4期。
②习近平：《在文化传承发展座谈会上的讲话》，《求是》2023年第17期。

着中国共产党，亦影响着雷锋及其精神内涵。仁者爱人、以德立人思想是我国传统思想宝库的重要组成部分，亦是中华优秀传统文化的重要组成部分，无论在古代还是在现代，都深刻地影响着国人，促使中华儿女在提高个人道德修养的同时，亦不忘爱护他人、促进他人进步，彰显着浓浓的“大爱的胸怀”。没有源远流长、一脉相承之中华优秀传统文化的熏陶，没有党和毛主席的教导和培养，雷锋是不会有这样深切的体会和认识的，亦不会有平时“深入骨髓”的言行表现。他在1961年10月8日的日记中写道，当天他在报纸上读到一篇好文章，在这篇文章中鲁迅先生的两句诗“横眉冷对千夫指，俯首甘为孺子牛”对他具有很大的教育和启发意义，他决心要按照鲁迅先生说的那样去做好一名解放军战士，对待敌人不留任何情面，“要狠”，要像寒冷的严冬那样冷酷无情，而对待党和人民则要温暖和热烈，要对党和人民忠诚老实，永远忠诚于党，永远忠诚于人民，做党和人民的“驯服工具”。[①]中华优秀传统文化中关于仁者爱人、以德立人的思想是雷锋敬爱党、忠爱人民之“大爱的胸怀”的深层历史文化底蕴。

另一方面，雷锋精神与中华优秀传统文化中关于仁者爱人、以德立人思想的契合有着极为丰富的具体或细节表现。一是表现为他对陌生人的无条件的爱。若说对身边人的爱或关怀还有自然缘由的话，那对陌生人的无条件的爱在很大程度上则是中华优秀传统文化中关于仁者爱人、以德立人思想的时代表现。雷锋在平时的生活或工作中常常热心关爱遭遇一时困难的陌生人。1959年9月29日，19岁的雷锋去鞍山参会，在辽阳火车站换车时，发现一位抱着小孩的大嫂非常着急，听说大嫂不小心把火车票弄丢了，他掏钱给大嫂买票，大嫂一再表示感谢，问他叫什么名字，他说：“我是鞍钢工人。”[②]1960年6月，雷锋在日记本中写道，因为公事出差，他在沈阳车站里发现一位老太太，好像有什么事，不停地在汽车旁边焦急地来回走，前去一询问得知，这位老人家是从山东来部队探亲的，路费用完了，坐不了车，在了解

①《雷锋全集》，华文出版社2012年版，第54页。

②余旭阳，邹文：《雷锋年谱》，湖南人民出版社2022年版，第132页。

清楚情况后，他不仅请老人家吃饭，还购买了到她儿子驻地的汽车票。[①]不仅如此，雷锋在平时生活或工作中更是积极主动关爱处于弱势或陷入困境的陌生人。1959年12月，一个工人意外被火车轧断了双腿，雷锋闻讯后跑到现场，找人把伤者抬到食堂，又找车送到矿山医院，伤者由于失血过多，一直处于昏迷状态，急需输血抢救，听到医院血库缺血源，他毫不犹豫第一个献血。[②]1961年2月16日，连队给每个战士发了1斤苹果，雷锋却用手绢将其包起来放进挂包里，当日下午3时许，他拿着这1斤自己也舍不得吃的苹果，还有一封亲笔写的慰问信，送到了辽宁抚顺市西部职工医院，以表达自己对阶级兄弟之友爱。[③]二是表现为他对集体的无条件付出。1960年8月28日，20岁的雷锋了解到辽阳地区遭受百年不遇特大水灾，他毫不犹豫地给辽阳市委寄去了100元钱，支援灾区发展生产，并给辽阳市委写了一封信："辽阳遭受了百年没有过的大洪水的侵袭，因此使国家和人民的财产受到了很大的损失……我是一名中国人民解放军战士，我一定要挺身而出，以实际行动来支援灾区人民。"[④]1961年2月15日，雷锋早饭后，背着粪筐、拿着铁锹走出营房去捡粪，将捡来的300来斤粪，径直送到抚顺市望花区工农人民公社，并给公社党委和社员写了一封新年贺信。[⑤]

（三）传承关于仁者爱人、以德立人的思想，要弘扬雷锋“大爱精神”

雷锋精神与中华优秀传统文化中关于仁者爱人、以德立人的思想有着深度的内在契合，传承关于仁者爱人、以德立人的思想，雷锋及“传人”身上“大爱的胸怀”仍是一面旗帜，在新时代的新征程上仍要弘扬雷锋“大爱精神”。

一方面，传承中华优秀传统文化中关于仁者爱人、以德立人的思想，要

①雷锋全集》，华文出版社2012年版，第18-19页。
②余旭阳，邹文：《雷锋年谱》，湖南人民出版社2022年版，第142页。
③余旭阳，邹文：《雷锋年谱》，湖南人民出版社2022年版，第201页。
④余旭阳，邹文：《雷锋年谱》，湖南人民出版社2022年版，第175页。
⑤余旭阳，邹文：《雷锋年谱》，湖南人民出版社2022年版，第200页。

坚持人民至上。坚持人民至上是中华优秀传统文化中关于仁者爱人、以德立人思想的时代表现和新时代要求。习近平总书记指出:“必须坚持人民主体地位,坚持立党为公、执政为民,践行全心全意为人民服务的根本宗旨”[①]。在人类社会历史上,人民是人类社会的主体力量,是历史的创造者和人类社会发展的推动者,是决定我们党长期执政和国家发展前途的根本力量。秉承历史唯物主义思想逻辑,彰显人民主体地位和力量,我们要坚持党的群众路线,把这一路线贯彻到党治国理政的所有活动当中,将人民群众对美好生活的向往当作自己矢志奋斗的目标,真心依靠广大人民群众创造中华民族伟大复兴历史伟业。雷锋深刻领悟到了这个道理,他一生在坚持人民利益至上的问题上知行合一,不打任何折扣地实践着全心全意为人民服务的价值观,表现出对党、国家和社会主义事业的无限忠诚,对广大人民群众的无限热爱、无比深情,这种忠诚、热爱和深情是一种没有“小我”、唯有“大我”的大爱胸怀和崇高境界。[②]把人民当作亲人,是雷锋发自内心的崇高情感,他把这份情感切实转化成为服务人民的实际行动,“把有限的生命,投入到无限的为人民服务之中去”[③]。马克思主义认为,没有人民群众,我们的事业将无可依存;脱离了人民群众,我们的理想将毫无意义。新时代新征程,弘扬雷锋大爱精神,仍要像雷锋那样“做人民的勤务员”,不仅要将坚持人民至上的价值理念内化于心,而且要将其外化于行:一是切实将广大人民群众真心当作新时代中国特色社会主义的价值主体和实践主体,二是着力维护新时代社会公平正义、促进人民共同富裕,将其作为全面推进中国式现代化建设的价值追求。

另一方面,传承中华优秀传统文化中关于仁者爱人、以德立人的思想,要发扬“大爱无疆”的奉献精神。发扬“大爱无疆”的奉献精神是中华优秀传统文化中关于仁者爱人、以德立人思想的时代表现和新时代需要。新时代

①《习近平著作选读(第二卷)》,人民出版社2023年版,第17页。
②王晨:《弘扬新时代雷锋精神》,《光明日报》2023年2月3日。
③《雷锋全集》,华文出版社2012年版,第58页。

的奉献精神是在建功新时代、奋战新征程过程中，社会个体与群体之间以及社会群体与群体之间等的互助关爱，是一种超出了一般道德范畴的人文精神，即“大爱精神”。这种精神一者能够实现“爱国家”“爱人民”和“爱民族”相统一，二者能够实现“爱集体”和“爱自己”相统一，三者能够真正实现“爱人”和“被爱”相统一。雷锋精神是“大爱”的化身，时代在变，但雷锋精神的实质是永恒不变的，它表现为一种爱，对祖国的热爱，对人民的大爱。2023年6月13日下午，外卖小哥彭清林在杭州西兴大桥（钱江三桥）离水15米高的大桥上，毅然纵身一跃，跳入钱塘江中，救起了一名轻生女子，致胸椎压缩性骨折。彭清林奋不顾身跳江救人的行为彰显了新时代人性的光辉、人间大爱。[①]当代雷锋“传人”孙茂芳，几十年如一日学雷锋，做好事，像儿子对母亲一样，无微不至地照顾5位孤寡老人和8位生活困难的老人，他用自己的行动印证了一位退伍军人的情怀与操守，诠释了一名共产党员的大爱情怀。[②]“大爱无疆”的奉献精神在社会危急的特殊情况下，一者表现为“为国献身”“舍生取义”等高尚爱国品质，另者表现为“见义勇为”等关乎人民群众生命财产权利的英勇行为。比如，为捍卫国家主权，解放军战士奋不顾身，他们中间有的甚至献出了自己的生命。这种无私奉献的高贵品质和道德情操，不仅是弥足珍贵的，亦是令世人敬仰的。[③]

三、传承关于以诚待人、讲信修睦的思想，弘扬雷锋“忘我的精神”

“以诚待人、讲信修睦”是中华文明的重要智慧结晶。在文化传承发展座谈会上，习近平总书记指出：“中华优秀传统文化有很多重要元素，比如……讲信修睦、亲仁善邻的交往之道等，共同塑造出中华文明的突出特

---

①《这位感动全网的湖南小伙，有了新身份！》，光明网，https://baijiahao.baidu.com/s?id=1776513325322042513&wfr=spider&for=pc，2023年9月9日。

②《当代雷锋：孙茂芳》，中国文明网，http://www.wenming.cn/wmsjk/xjrw/，2014年3月2日。

③孙凯鹏：《新时期奉献精神与大爱精神的道德价值探析》，《辽宁行政学院学报》2012年第12期。

性。”[1]和平、和睦、和谐是中华文明五千多年来一直传承的理念。[2]做中华优秀传统文化的传承弘扬者，传承关于以诚待人、讲信修睦的思想就是要弘扬雷锋“忘我的精神”。在新时代倡导社会文明的新风新貌，主动“学雷锋”是一种好的实践方式，积极承担力所能及的社会责任，热诚热心关爱身边人，常做扶弱助残、扶贫济困等好事，就是在以实际行动促进社会文明和进步。

（一）中华优秀传统文化中关于以诚待人、讲信修睦的思想

从雷锋精神内涵中“忘我的精神”隐约可见中华优秀传统文化中关于以诚待人、讲信修睦思想的影子。中华优秀传统文化中关于以诚待人、讲信修睦的思想内涵丰富，其中“以诚待人”是“诚信”的内在理念和修养，而“讲信修睦”则是“诚信”的外在要求和规范。

一方面，“以诚待人”是“诚信”的内在理念和修养。“以诚待人”思想早在先秦时期就出现了。孔子说：“人而无信，不知其可也。”为人处世，要以诚信为基础，一个人不讲诚信在很大程度上是不会有前途的。当时，注重诚信价值理念的思想学派不只儒家一家。墨家创始人墨子就在《墨子·修身》中提出了“言不信者，行不果”的思想观点，意思是说，在言语上不讲诚信的人，在做事的问题上一般也不会取得显著成绩。“以诚待人”思想不仅是一种个体修养要求，也适用于治国理政的领域。《管子·枢言》曰：“诚信者，天下之结也。”综合道家思想和法家思想等的管子，将诚信理念看成实现天下人团结的价值纽带。韩非子作为法家学派的集大成者，在《韩非子·外储说左上·经六》中亦有类似的价值观点：“小信诚则大信立。”及至秦汉，诚信价值理念已融入中华文化血脉，成为中华文化的重要组成部分。关于诚信的嘉言懿行在古代历史不绝如缕。“得黄金百斤，不如得季布一诺”，说的是汉代人季布重视信誉的诚信故事。唐高祖李渊作为最高统治者，也曾留下了关于诚信

---

①习近平：《在文化传承发展座谈会上的讲话》，《求是》2023年第17期。

②习近平：《在文化传承发展座谈会上的讲话》，《求是》2023年第17期。

的名言警句:“丈夫一言许人,千金不易。”宋代的儒家学者格外重视诚信价值,一是受孟子“诚者,天之道也”这一论说的深刻影响,二是跟儒家经典《礼记·大学》将“正心诚意”置于儒家思想“价值矩阵”的重要位置有关。在实践中,一者,宋儒认可诚信于人际交往方面的重要价值,如北宋学者程颐有言:“人无忠信,不可立于世。”二者,宋儒看重诚信在治国理政方面的重要价值,如南宋思想家朱熹有言:“无信如何做事?如朝更夕改,虽商鞅之徒亦不可为政。”随着古代历史的延展,以诚待人、讲信修睦的价值思想被不断地弘扬和发扬,在此过程中凝结成中华优秀传统文化的重要内容。

另一方面,“讲信修睦”是“诚信”的外在要求和规范。“以诚待人”是“诚信”的内在理念和修养,发之于外则成为社会层面的道德规范。“讲信修睦”的价值思想可谓源远流长,在儒家经典《礼记·礼运》中明确提出:“大道之行也,天下为公,选贤与能,讲信修睦。”“讲信修睦”是由“讲信”和“修睦”两个词组成。其中,“讲信”中的核心字“信”是个会意字。在《说文解字》中,许慎指出:“信,诚也。”后来进一步注解为:“人言则无不信者,故从人言。”所谓的“信”就是指运用自己的言语来取得他人的信任信赖,即恪守诺言、言行相符。而“修睦”中的核心字“睦”,有记载表明最早出现在西周时期的金文中。在《说文解字》中,对其解释是“睦,目顺也,一曰敬和也”。所谓的“睦”就是指相互之间看着顺眼,看着舒服,即“敦睦与和谐”。“九族既睦,平章百姓”是《尚书·尧典》中记载,“兄弟不睦,则子侄不爱”是《颜氏家训·兄弟》中记载,等等,这些言语中的“睦”都是指人与人之间的融洽和顺关系。易言之,“讲信修睦”一般是指人们之间亦包括国家间的“讲求信义”,在此基础上构建起融洽的和睦友好关系。曾子“烹彘践诺”的故事、魏颗“结草报恩”的故事、尾生“抱柱而死”的故事、关羽“重信讲义”的故事、皇甫绩“守信求责”的故事,等等,这些典故得以“名载史册”就是中华民族以实际行动褒奖了讲信修睦的行为操守,起到了重要的“垂范后世”作用。[①]可以说,“讲信修睦”是我们

①刘金祥:《讲信修睦的历史意蕴与当代价值》,《群言》2023年第8期。

一贯的“为邻之道”，已经深深嵌入中华民族的精神世界。

不论“以诚待人”是“诚信”的内在理念和修养，抑或“讲信修睦”是“诚信”的外在要求和标准，中华优秀传统文化中关于以诚待人、讲信修睦的思想集中体现为诚信，一种“忘我式”诚信，彰显着“忘我的精神”。

（二）雷锋精神与关于以诚待人、讲信修睦思想的契合

习近平总书记指出：“中华优秀传统文化源远流长、博大精深……讲信修睦、亲仁善邻等，是中国人民在长期生产生活中积累的宇宙观、天下观、社会观、道德观的重要体现，同科学社会主义价值观主张具有高度契合性。”[①]雷锋作为传承弘扬中华优秀传统文化之中国共产党人中的一员或优秀杰出分子，亦是中华优秀传统文化中关于以诚待人、讲信修睦思想的忠实继承者和弘扬者。

雷锋精神与中华优秀传统文化中关于以诚待人、讲信修睦思想的契合可以从两个维度来看。

一方面，中华优秀传统文化中关于以诚待人、讲信修睦思想深刻影响着中国共产党，亦影响着雷锋及其精神内涵。“以诚待人、讲信修睦”是先人们所倡导和遵循的道德规范，至今仍是中国共产党及其带领的人民所尊崇的重要价值理念和所信奉的重要道德规范。马克思主义诞生于欧洲，传统文化诞生于中华大地，二者虽然诞生地或来源不同，但于价值理想追求等方面，彼此之间却存在着高度契合性。中国共产党人是辩证论者，一是在坚定马克思主义信仰的过程中做马克思主义的忠实践行者，二是在继承传统文化之精髓的基础上做中华优秀传统文化的忠诚传承弘扬者。雷锋就是在中国共产党的“大熔炉”里同时受着马克思主义的深刻影响和优秀传统文化的深度熏陶，于他的精神世界里留下了深深印痕，体现在他平时的言语和行动中。雷锋在学习《毛泽东著作选读》时，曾在该著作第32页的书眉上留下笔

①《习近平著作选读（第一卷）》，人民出版社2023年版，第15页。

记:“加强工作责任心,对同志对人民要忠诚,要热情,要关心,要互相帮助。”①无独有偶,学习《毛泽东选集(第四卷)》时,他曾在该著作第1239页的书眉上作笔记:“我要严格遵守纪律……尊重首长,热爱同志,搞好团结,做一个遵守纪律的模范。”②中华优秀传统文化中关于以诚待人、讲信修睦的思想构成了雷锋“忘我的精神”的深层历史文化底蕴。

另一方面,雷锋精神与中华优秀传统文化中关于以诚待人、讲信修睦思想的契合有着极为丰富的具体或细节表现。一者,表现为他真心关心身边人,毫不吝惜个人利益。1957年12月,17岁的雷锋下大队办事时,路经陈奶奶家,得知她无儿无女,正得感冒,头痛发热却无人照料,便立即帮她买了一些消炎镇痛药,买药的两元钱当时是找刘大瑾同志借的,后来他发了工资就马上将钱还给了刘大瑾。③1961年10月12日,雷锋在日记中写道:“我听战友×××说:没有日记本了,手中无钱买。我立即把自己一本新的日记本送给了他。这仅仅是一点小意思。我愿意把自己所有的东西,包括生命献给党和人民。”④二者,表现为他真诚接受身边人的关心和教育。1957年3月,雷锋17岁,组织上发现他滋生了“沾沾自喜”“骄傲自满”的情绪,决定派黄菊芳同志找他谈话,在谈话后,雷锋意识到了自己的不足并认真予以改正。⑤雷锋还在1961年9月10日的日记中说:“今天排长给我指出,要我今后办事多和群众商量,注意工作方法。我觉得很好,一定改进。至于其他方面的小缺点,我也要特别注意,加以纠正。”⑥三者,表现为他关心身边人,但绝不当“老好人”。雷锋《和战友谈改正错误(1960年11月26日)》的文章中写道:“领导和同志们帮助你,是对你的关心和爱护呀,你应该很好地承认错误……我们今天来当兵,就是要保卫幸福的生活,保卫祖国的社会主义建设

---

①《雷锋全集》,华文出版社2012年版,第103页。
②《雷锋全集》,华文出版社2012年版,第101页。
③余旭阳,邹文:《雷锋年谱》,长湖南人民出版社2022年版,第65页。
④《雷锋全集》,华文出版社2012年版,第55页。
⑤余旭阳,邹文:《雷锋年谱》,湖南人民出版社2022年版,第55页。
⑥《雷锋全集》,华文出版社2012年版,第51页。

……要是不听党的话,犯了错误,这能对得起谁呢……人不怕有错误,就怕犯了错误不改。能够坚决改正错误,那就是好同志。"[①]

(三)传承关于以诚待人、讲信修睦的思想,弘扬雷锋"忘我的精神"

雷锋精神与中华优秀传统文化中关于以诚待人、讲信修睦的思想有着深度的内在契合,传承关于以诚待人、讲信修睦思想,雷锋及其"传人"身上"忘我的精神"仍是一面旗帜,在新时代的新征程上仍要弘扬雷锋"忘我的精神"。

一方面,传承中华优秀传统文化中关于以诚待人、讲信修睦的思想,新要坚持诚实守信。诚实守信根源于中华优秀传统文化中关于以诚待人、讲信修睦的思想。雷锋在其短暂的一生中,坚持说老实话、办老实事、做老实人,说到的一定要做到。新时代新征程,弘扬雷锋忘我的精神,坚持诚实守信,宜从两方面发力。新时代,形成政府诚信、社会诚信等诚信生态,不仅可以推动社会信用体系建设水平的提高,而且能够造就"尊法守约、诚信友善、讲求信用、重视信誉"的社会诚信氛围。一者,要搞好政务诚信生态建设。"各级领导干部要以身作则、率先垂范,说到的就要做到,承诺的就要兑现"[②]。政府层面传承雷锋诚实守信精神,要锚定为人民服务之初衷,忠实执行国家法律和政策,切实实现事先对社会许下的承诺,敢于对人民群众公布按规定应公开的全部行政行为,以此获得广大人民群众对各层面工作的认可以及信任。[③]另者,是搞好商务诚信生态建设。"各类企业都要把守法诚信作为安身立命之本……偷税漏税、走私贩私、制假贩假等违法的事情坚决不做,偷工减料、缺斤短两、质次价高的亏心事坚决不做。"[④]建设好商务诚信生态,一是要积极推动社会企业强化诚信文化建设力度,二是要将弘扬雷锋精

①《雷锋全集》,华文出版社2012年版,第191页。
②《习近平著作选读(第一卷)》,人民出版社2023年版,第87页。
③杨畅,谢振华:《以新时代诚信社会建设助推学雷锋活动持续开展》,《雷锋》2020年第7期。
④《习近平谈治国理政(第二卷)》,外文出版社2017年版,第265页。

神列入企业章程，将雷锋精神真正转变为企业文化的核心价值，在全面提升职工道德素质的基础上提升社会企业的整体诚信品质。[①]

另一方面，传承中华优秀传统文化中关于以诚待人、讲信修睦的思想，要培育高尚人格。培育高尚人格是中华优秀传统文化中关于以诚待人、讲信修睦思想的初衷，亦是雷锋忘我精神的核心意旨。雷锋在处理个人与他人、与集体、与社会之间关系的问题上，堪称崇高人格的典范。在处理个人与他人的关系上，雷锋坚持助人为乐、克己为人；在处理个人与集体的关系上，雷锋坚持集体主义、公而忘私；在处理个人与社会的关系上，雷锋坚持为民服务、人民至上。雷锋为人们在社会公德、职业道德、家庭美德和个人品德上提升道德境界立下了时代标杆。新时代新征程，弘扬雷锋忘我精神，培育高尚人格，要“从娃娃抓起”。诚信作为一种重要的道德人格，是我们宝贵的精神遗产，宜通过构建诚信校园文化，促使学生发展追求真善美的能力。[②]“行是知之始，知是行之成”。好言行习惯的培育，单在提高认知上下功夫肯定是不够的，还要落实到社会主体的具体言行上，特别是要在“内化于心”的基础上“外化于行”，养成自觉行为习惯。为此，可以根据实际情况挖掘活动载体，在丰富实践活动方式上下功夫，让可塑性极强的孩子在多彩的活动中接受教育洗礼，在陶醉中快乐健康成长，“帮助孩子扣好人生的第一粒扣子”[③]。在实践中“寓教于乐”，如讲好“诚信小故事”、定期评选“守纪之星”、举办多种形式的廉洁诚信知识竞赛等，让孩子在快乐的活动中接受诚信文化熏陶，在此基础上“诚信立人”“见贤思齐”。特别是开展“我的诚信小故事”这种征文类比赛活动，不仅具有形式上的活泼性，而且具有内容上的挑战性，能让孩子终身受益。在小小文章中，“答应别人的事要做到”“我再也不撒谎了”“对人要真诚”“犯了错误要勇于承认”等带着纯真的“反省”，都是孩子心灵深处的呼唤。我们应设法创造条件，让诚信的种子在孩子的

---

①杨畅，谢振华：《以新时代诚信社会建设助推学雷锋活动持续开展》，《雷锋》2020年第7期。
②李秀梅：《传承雷锋精神，构建诚信校园》，《新课程（上）》2013年第1期。
③《习近平著作选读（第一卷）》，人民出版社2023年版。

心底里生根发芽、茁壮成长。[①]

四、传承关于自强不息、革故鼎新的思想，弘扬雷锋“进取的锐气”

“自强不息、革故鼎新”是中华民族古已有之的一种精神气质。在文化传承发展座谈会上，习近平总书记指出：“中华文明是革故鼎新、辉光日新的文明，静水深流与波澜壮阔交织……中华民族始终以‘苟日新，日日新，又日新’的精神不断创造自己的物质文明、精神文明和政治文明。”[②]做中华优秀传统文化的传承弘扬者，传承关于自强不息、革故鼎新的思想就是要弘扬雷锋“进取的锐气”。在习近平总书记看来，在新时代仍要学习雷锋的钻研精神，这种钻研精神实质上是一种“钻劲”，一种钉子精神，它的适用范围较广，比如在抓作风的问题上、在抓落实的问题上等，都需要这种钻研精神，都需要发扬钉子精神，都需要一种“钻劲”，来将预期计划目标真正兑现、真正实现。

（一）中华优秀传统文化中关于自强不息、革故鼎新的思想

从雷锋精神内涵中“进取的锐气”隐约可见中华优秀传统文化中关于自强不息、革故鼎新思想的影子。中华优秀传统文化中关于自强不息、革故鼎新的思想内涵丰富，其中“自强不息”是“进取”的内在修养，而“革故鼎新”则是“进取”的外在体现。

一方面，“自强不息”是“进取”的内在修养。“自强不息、革故鼎新”思想源自《周易》。“自强不息”一词最早出现在先秦时期，《易·乾卦》曰：“天行健，君子以自强不息。”后来人对“自强不息”加入了时代诠释。《孔子家语·五仪解》指出：“所谓君子者……笃行信道，自强不息……油然若将可越，而终不

①陈惠姿：《诚信，求真知做真人的根本——陶行知教育思想对当前德育工作的启示》，载《福建省行知实验校校长论坛论文集》，第67-69页。

②习近平：《在文化传承发展座谈会上的讲话》，《求是》2023年第17期。

可及者……此君子也。”这一记述表明，伟大思想家孔子在很大程度上将一个人是否具有“自强不息”之品格作为其能否品评为“君子”的必要条件，这一“为君子”的价值导向对于后世“自强不息”价值理念的广泛传播有着莫大影响。唐代及以前对“自强不息”一词的解释，主要是要求人们遵循天道，自觉效法“天道”的运行，亦即要勤奋耐劳、永不懈息。这主要是针对个人精神层面进行阐释的。及至宋代，“自强不息”的含义开始上升到国家精神层面，深入阐发“自强不息”的重要作用。比如《宋史·董槐传》指出：“外有敌国，则其计先自强……自强者人畏我，我不畏人。”到明清时期，人们更加强调坚持自强不息精神、发挥个人能动性的重要性，自强不息精神在人们的日常生活中发挥着越来越重要、越来越广泛的正能量。[①]对“自强不息”的阐释，起初主要体现在个人层面，后经过唐代、宋代、明清时期的发展，“自强不息”的内涵越来越丰富，由个人层面开始上升为国家、民族层面。

另一方面，“革故鼎新”是“进取”的外在体现。“自强不息”是“进取”的内在修养，有了“自强不息”的精神，自然会有“革故鼎新”之“进取”的外在表现。“革故鼎新”这一价值思想，在《周易·杂卦》中明确提出来了：“革去故也，鼎取新也。”在该记述的基础上形成了后世的“革故鼎新”成语，以之表明“除旧布新”的含义，而与“因循守旧”的成语含义相对。[②]自先秦元典郑重提出“革故鼎新”的价值思想，这一思想因其超强的现实针对性而为后世的重要政治家以及伟大思想家所传承，他们将“革故鼎新”的价值思想贯彻运用到诸多领域。一者，历史上的思想家持续不倦地对革故鼎新思想进行深入阐释和全面弘扬；另者，历史上的政治家以之大力倡导政治领域的改革和变法、文化领域的移风化俗等。及至春秋战国时期，孟子“故天将降大任于是人也，必先苦其心志，劳其筋骨，饿其体肤，空乏其身，行拂乱其所为，所以动心忍性，曾益其所不能”的论断，是当时肯定“革故鼎新”价值思想的真实写

①史国超：《中华民族自强不息精神与中国共产党独立自主思想研究》，齐鲁大学硕士学位论文，2014年6月，第12-15页。

②邵阳，赖勋芬：《<易经>革故鼎新思想传承》，《青春岁月》2014年第23期。

照。战国时期，秦国政治家商鞅基于当时政治竞争新形势，力主变法，在变法过程中，大刀阔斧废除许多不合时宜的旧制度，排除万难坚决施行县制、奖励耕织、重奖军功等新举措，不仅让当时秦国的经济实力和军事实力迅速壮大，而且为后来秦国顺利统一其他六国打下坚实基础。之后的汉朝，汉武帝刘彻力排众议推行法家改革和五铢钱铸造，成为汉武帝时期汉朝兴盛的重要原因，亦是一种革故鼎新实践典型案例。及至唐朝，唐太宗推行科举制度、全面施行平均地税制等革新举措，这跟“贞观之治”局面的出现无疑有很大关系。宋朝的政治家王安石力主通过改革税制、改革军制、改革学制等举措来推动当时宋朝社会的发展进步。明朝的政治家张居正变法，其力主的“一条鞭法”的推行，在一定程度上及时缓解或扭转了当时明王朝的财政危机。清朝的雍正帝一心想消除父辈遗留下的积弊，进行“铁腕改革”，以不惜动权贵集团“奶酪”之决心，厉行“摊丁入亩”“一体纳粮”“改土归流”等措施，造就了中国历史上的“康乾盛世”局面。①

不论“自强不息”是“进取”的内在修养，抑或“革故鼎新”是“进取”的外在体现，中华优秀传统文化中关于自强不息、革故鼎新的思想彰显着一种“进取的锐气”。

（二）雷锋精神与关于自强不息、革故鼎新思想的契合

习近平总书记指出：“中华文明具有突出的创新性，从根本上决定了中华民族守正不守旧、尊古不复古的进取精神，决定了中华民族不惧新挑战、勇于接受新事物的无畏品格。”②雷锋作为传承弘扬中华优秀传统文化之中国共产党人中的一员或优秀分子，亦是中华优秀传统文化中关于自强不息、革故鼎新思想的忠实继承者和弘扬者。

雷锋精神与中华优秀传统文化中关于自强不息、革故鼎新思想的契合可以从两个维度来看。

---

①程源源：《“革故鼎新”的历史渊源与现代传承》，《旗帜》2023年第3期。

②习近平：《在文化传承发展座谈会上的讲话》，《求是》2023年第17期。

一方面，中华优秀传统文化中关于自强不息、革故鼎新的思想深刻影响着中国共产党，亦影响着雷锋及其精神内涵。关于自强不息、革故鼎新的思想是中华优秀传统文化的重要内容。中国共产党是该思想的继承者，更是其践行者，如以“敢为人先”的斗争勇气推翻“三座大山”，以“开天辟地”的精神气概建立新中国，创造性地将马克思主义运用于近代以来中国的革命、建设、改革和现代化建设这一伟大实践中。毛泽东作为党的第一代中央领导集体的核心，一直以来都很重视自强不息、革故鼎新的思想，在实践、理论、制度等方面对该思想的运用都有深入阐述。以如何对待马克思主义经典作家的理论学说问题为例，毛泽东指出：“马克思这些老祖宗的书，必须读，他们的基本原理必须遵守，这是第一。但是，任何国家的共产党，任何国家的思想界，都要创造新的理论，写出新的著作，产生自己的理论家，来为当前的政治服务，单靠老祖宗是不行的。”①这一重要论述表明，毛泽东在马克思主义如何守正创新的问题上，对其“故旧”与“创新”之间的关系问题处理得“炉火纯青”。②雷锋成长过程中深受党和毛主席的教育，并将之转化为积极进取的自觉行动。面对高小毕业后的人生抉择，雷锋毅然选择到艰苦的农村工作；离开舒适的县委机关，毅然参加艰苦的治沩工程和团山湖农场建设；离开鞍钢，毅然参加地处山沟的焦化厂的扩厂建设。面对困难，雷锋总是迎难而上，时刻发扬我们党和人民军队的优良作风，在逆境中磨砺意志，砥砺品行，体现出艰苦奋斗、锐意进取的精神。中华优秀传统文化中关于自强不息、革故鼎新的思想构成了雷锋“进取的锐气”的深层历史文化底蕴。

另一方面，雷锋精神与中华优秀传统文化中关于自强不息、革故鼎新思想的契合有着极为丰富的具体或细节表现。一者，表现在他对进取理念的信奉上。1958年3月13日，18岁的雷锋将一本新日记本赠送给农场好友王佩玲，赠言：“你是党的忠实儿女，愿你的青春像鲜花一样，在祖国的土地上发散着芬芳……请你记住这两句话，在平凡的工作上祝你成为一个真正的

---

①《毛泽东文集(第八卷)》，人民出版社1999年版，第109页。
②程源源：《“革故鼎新”的历史渊源与现代传承》，《旗帜》2023年第3期。

战士。"[①]在1958年6月7日的日记中，雷锋这样记述：若是"一滴水"，那你是否尽了自己的责任而在滋润土地？若是"一缕阳光"，那你是否尽了自己的责任而在照亮黑暗？若是"一颗粮食"，那你是否尽了自己的责任而在哺育有用生命？也就是说，你作为一个人活着，那你就得要为子孙后代的生活付出艰辛的劳动，努力让这个世界一天比一天变得更加美丽和更加美好。[②]二者，表现在他平时生活中的积极进取理念上。雷锋深深信奉着积极进取的理念，日常生活中"不打折扣"地深入践行和实践。1961年，21岁的雷锋为方便战友读书，想办法自制了一个书架，战友把这个书架称为"小图书馆"，还编了一首快板诗赞扬它："不用上书店，不用把腿跑，不用借书证，不用打借条。你要想看书，就把雷锋找……小小图书馆，读者真不少，上至连长，下到小乔。小乔看不懂，雷锋把他找。"[③]三者，表现在他工作中的积极进取理念上。1960年1月，雷锋入伍，新兵训练开始，他个子不高，练手榴弹投掷时达不到及格标准。于是，他起早贪黑努力练习，终于在实弹投掷时取得了优秀成绩。[④]1962年1月16日，下大雪，雷锋并未因恶劣天气而在工作上有所松懈，和韩玉臣在野外连续工作8个多小时，高质量完成了汽车的保养任务。[⑤]

（三）传承关于自强不息、革故鼎新的思想，要弘扬雷锋"进取精神"

雷锋精神与中华优秀传统文化中关于自强不息、革故鼎新的思想有着深度的内在契合，传承关于自强不息、革故鼎新的思想，雷锋及其"传人"身上"进取的锐气"仍是一面旗帜，在新时代的新征程上仍要弘扬雷锋进取精神。

其一，传承中华优秀传统文化中关于自强不息、革故鼎新的思想，要勇

①余旭阳，邹文：《雷锋年谱》，湖南人民出版社2022年版，第78页。
②《雷锋全集》，华文出版社2012年版，第3页。
③余旭阳，邹文：《雷锋年谱》，湖南人民出版社2022年版，第227页。
④余旭阳，邹文：《雷锋年谱》，湖南人民出版社2022年版，第159页。
⑤余旭阳，邹文：《雷锋年谱》，湖南人民出版社2022年版，第234页。

于创新。创新创造能力是一个国家和民族在这个世界上立足的法宝，是其兴旺发达的动力源泉。众所周知，雷锋是一位踏实肯干的“实干家”，但人们对其作为“勇于探索的创造者”的形象却并不深刻。细捋雷锋的生平，我们会发现，雷锋短暂的一生当过农民、工人、战士等，在任何工作岗位上，他都干一行、爱一行、专一行、精一行，最终都成了该岗位的先进模范，在他的身上始终洋溢着一种“敢为人先”的创造创新精神。[①]雷锋把钉子的那股“挤劲”和“钻劲”，淋漓尽致地用到了工作中、学习中和生活中，一刻不停地“刷新”自我或超越自我，给人一种感觉，就是他的每一天都是过得充实的，过得精彩的，过得非常有价值的。[②]新时代新征程，弘扬雷锋进取精神，要勇于创新，持续培育党员干部包括领导干部的创新思维，不断提升党员干部包括领导干部的创新能力，努力打造出一支富有开拓精神、富有创新精神的干部队伍，在忠于职守、勤学苦练的基础上，持续增强解决实际问题所需要的各种能力。

其二，传承中华优秀传统文化中关于自强不息、革故鼎新的思想，要积极拼搏。积极拼搏是传承中华优秀传统文化中关于自强不息、革故鼎新思想的时代内涵。中国特色社会主义进入新时代，我们党面临更加具有挑战性的新的历史任务，历史从不眷顾因循守旧、满足现状者，如果“饱食终日、无所用心”，就无法肩负起时代赋予我们的光荣使命。新时代新征程，弘扬雷锋进取精神，就是要积极主动拼搏，在“永不言败”中向着目标前行，在“永不满足”中向着更高目标奋进。奋力拼搏，不仅是一个不断前行的过程，而且是一个不断克服困难的过程，更是一个锚定新目标、做出新业绩的过程。在新时代新征程上，拼搏前行就别想着“平坦”，在前方的路上肯定会有新的“雪山”、新的“草地”等险阻需要我们去克服和攻克，肯定会有新的“娄山关”、新的“腊子口”等关口需要我们去跨越和征服。实现民族振兴新目标、

①朱丽颖：《论雷锋精神与新时代党的执政理念》，《沈阳师范大学学报（社会科学版）》2019年第3期。

②王桂芬：《像雷锋那样坚守共产党人精神追求》，《求是》2013年第5期。

激发改革新动力，需要我们直面风险挑战，以勇于攀登的进取精神战胜一切艰难险阻。在此过程中，我们只能把突如其来的困难当作考验，把不期而遇的考验当作锤炼意志品质的机遇，以一种一往无前的勇气和知难而进的魄力，迎难而上、知难而进，在不断破解难题的全力拼搏中完善自我、成就自我，赢得最后高光时刻。

其三，传承中华优秀传统文化中关于自强不息、革故鼎新思想，要坚持斗争。坚持斗争是传承中华优秀传统文化中关于自强不息、革故鼎新思想的时代要求。习近平总书记指出："社会是在矛盾运动中前进的，有矛盾就会有斗争。"[①]"我们共产党人的斗争，从来都是奔着矛盾问题、风险挑战去的。"[②]要进取必须斗争，斗争是一种进取状态。新时代新征程，弘扬雷锋进取精神，要坚持斗争，斗争的对象有危害国家安全的敌人，更多的则是有待克服的现实困难。当前，世界正处于新的"动荡期""变革期"，国内改革发展稳定的任务艰巨繁重，同时，一些深层次的矛盾"绕不过""躲不开"，我国发展进入战略机遇和风险挑战并存、不确定难预料因素增多的时期。[③]新时代，战胜重大挑战、赢得重大胜利，仍然需要雷锋及其"传人"身上的那股进取锐气，仍然需要雷锋及其"传人"身上的艰苦奋斗精神和敢于斗争精神。唯有如此，我们才能做到习近平总书记所说的"不信邪、不怕鬼、不怕压，知难而进、迎难而上"[④]，才能在敢于斗争、敢于胜利的强大精神力量激励下开创中华民族新的美好未来。

---

①《习近平著作选读（第二卷）》，人民出版社2023年版，第13页。

②《习近平谈治国理政（第三卷）》，外文出版社2020年版，第226页。

③刘洁：《"仁者爱人、以德立人"的实现路径》，《中共山西省委党校学报》2021年第4期。

④习近平：《高举中国特色社会主义伟大旗帜，为全面建设社会主义现代化国家而团结奋斗——在中国共产党第二十次全国代表大会上的报告》，人民出版社2022年版，第27页。

第四章　做社会主义核心价值观的模范践行者

“聚是一团火，散是满天星。”核心价值观是一个民族赖以维系的精神纽带，是一个国家共同的思想道德基础。在“两个大局”的时空背景下，利益多元、观念多样、思想多变是常态，公与私、义与利、得与失、正与邪、苦与乐的考验无时无处不在，需要用社会主义核心价值观来激浊扬清、指引方向、凝聚共识、汇聚力量。社会主义核心价值观，把涉及国家、社会、公民的价值要求融为一体，体现了社会主义本质要求。新时代的新雷锋，必须是社会主义核心价值观的模范践行者，在工作实践和社会生活中积极为凝聚人心、汇聚民力发光发热、赋能赋智。

一、核心价值观是古今中外治国理政的根本

习近平总书记指出：“历史和现实都表明，构建具有强大感召力的核心价值观，关系社会和谐稳定，关系国家长治久安。”①有学者认为，价值观是一个多层次、多维度的系统，从所处的地位来看，可以分为终极（最高）价值观、核心（主导）价值观、一般（非主导、边沿、从属）价值观。核心价值观是一个社会中居统治地位、起支配作用的核心理念，也是一个社会必须长期普遍遵循的基本价值准则。②核心价值观能够为国家、政府和人民提供明确的道德标准与价值取向，能够为社会成员提供共同的价值追求、道德规范和行为准

①《习近平谈治国理政（第一卷）》，外文出版社2018年版，第163页。

②季明：《核心价值观概论》，人民日报出版社2013年版，第12页。

则,减少社会冲突和分裂,增进社会成员之间的互信与团结。核心价值观自古以来就是民族团结的精神纽带、国家治理的思想基础和社会运行的道德基石。

(一)民族团结的精神纽带

习近平总书记指出:"核心价值观是一个民族赖以维系的精神纽带"[①],"承载着一个民族、一个国家的精神追求,体现着一个社会评判是非曲直的价值标准"[②]。它具有凝聚民族精神意志的作用,能够协调人际交往、指导社会行为、维护社会秩序、促进社会发展。各个国家的核心价值观都体现了这个国家的文化特色和民族精神,是整个国家的民族文化基因。有了共同的价值观,民族成员间就更容易建立起具有共性的、互信的思想和情感体系,在拥有了共同的文化基因的基础上,更能够彼此相互理解和支持,减少社会成员间的矛盾,促进社会和谐发展。一个民族若能共同遵守这些价值观,则有利于增强民族文化自信,形成相互信任、互助合作、积极进取的社会氛围,从而提高民族自信心、凝聚国家力量、促进社会进步和发展。

习近平总书记指出:"一个民族、一个国家的核心价值观必须同这个民族、这个国家的历史文化相契合,同这个民族、这个国家的人民正在进行的奋斗相结合,同这个民族、这个国家需要解决的时代问题相适应。"[③]纵观我国几千年历史,儒家思想作为在我国历史上长期占据统治地位的思想,对维护我国民族团结起到了重要的作用。儒家思想所推崇的仁义礼智信等价值观在历史的长河中被中国人广泛接受并深入人心,逐渐成为整个社会的共同认同。儒家思想所倡导的价值观念成为各民族共同的精神纽带,促进了民族间的交流与互动,有力维护了民族团结。与此同时,儒家思想追求和谐共处,强调人与人之间的互助、关爱与友善,为不同民族间的相互理解与和

①习近平:《在文艺工作座谈会上的讲话》,人民出版社2015年版,第22页。
②《习近平谈治国理政(第一卷)》,外文出版社2018年版,第168页。
③《习近平谈治国理政(第一卷)》,外文出版社2018年版,第171页。

谐共处提供了思想基础,增进了民族团结。

放眼全球,核心价值观的培育在许多国家都得到重视。以新加坡为例,新加坡是一个移民国家,其前任总理李光耀曾言“新加坡不是个自然形成的国家,而是人为的”①。在一段时期内,新加坡曾出现明显的西化倾向,原本就松散的价值共识消解严重,西方价值观的盛行也带来了一系列社会问题。1991年,新加坡成为世界上第一个以国家白皮书形式提出核心价值观的国家。与此同时,新加坡通过多种方式推进社会价值观建设,有效维护了社会和谐与稳定、国家统一与安全。新加坡的《共同价值观白皮书》将共同价值确立为“国家至上,社会为先;家庭为根,社会为本;关怀扶持,尊重个人;求同存异,协商共识;种族和谐,宗教宽容”②,同时,强调国家、社会、家庭的重要性,在尊重个人利益的同时强调协商、和谐与宽容,寻求共同利益的最大化,在实现经济快速增长的同时避免了贫富差距过大现象的产生。与此同时,保障政府的廉洁高效,营造公平、和谐、向上的社会氛围,推动了社会发展,有效增进了民族团结。

(二)国家治理的思想基础

国家治理需要在一定的思想基础与价值基础上进行,而核心价值观就是思想基础与价值基础。核心价值观涵盖了国家文化、社会、道德和政治的各个方面,代表着国家和民众最深层的价值观念与道德准则,为国家治理提供方向、依据和动力。习近平总书记指出:“培育和弘扬核心价值观,有效整合社会意识,是社会系统得以正常运转、社会秩序得到有效维护的重要途径,也是国家治理体系和治理能力的重要方面。”③国家的有效治理离不开以强有力的核心价值观为基础的思想上的支撑。

---

①李光耀:《经济腾飞之路——李光耀回忆录1965——2000》,外文出版社2001年版,第3页。

②邵士庆,刘兆芙:《新加坡建构共同价值观的经验及启示》,《社会主义核心价值观研究》2016年第5期。

③《习近平谈治国理政(第一卷)》,外文出版社2018年版,第163页。

习近平总书记指出："法治和德治不可分离、不可偏废，国家治理需要法律和道德协同发力。"[①]国家治理离不开完善的法律体系，同时也需要道德层面的要求来对公民的社会行为进行引导与约束，如此才能做到法治与德治相结合。只有坚持法治与德治相结合，才能达到"法安天下，德润人心"的效果。核心价值观作为民族成员的内在共识和价值认同，引导着社会的发展。建立在核心价值观之上的法律法规能够更大程度地得到人们的认同，从而实现更加有效的社会治理。坚持法治与德治相结合，能够更有力地发挥道德标准对人心的约束作用，从而引导和规范人们的行为。

核心价值观反映了国家这一整体的目标与追求，同时处处体现着国家与民众利益的一致性。思想是行动的先导，行动是思想的体现，只有在增强民众对核心价值观认同的基础上进行治理，才能有效凝聚广大人民群众的力量，促进国家治理的有效推进。

核心价值观是社会善治的基础，为国家治理提供规范性的价值导向。一个社会的价值观决定了其社会成员的行为规范和社会意识形态。有学者认为，社会善治是国家和社会在社会生活领域的合作管理，其目的是实现社会公共利益最大化，基本要素应当包括透明、参与、法治、回应、效率、包容、公平、信任、和谐、安全。[②]社会治理需要社会各界的广泛参与和支持，而这种支持是建立在社会共同价值取向之上的。核心价值观能够为社会善治提供必要的价值基础和思想指导，为国家治理体系和治理能力现代化提供保障。

（三）社会运行的道德基石

习近平总书记指出："核心价值观，其实就是一种德，既是个人的德，也是一种大德，就是国家的德、社会的德。"[③]一方面，核心价值观作为一种基本

①《习近平谈治国理政（第二卷）》，外文出版社2017年版，第133页。

②何增科：《做社会治理和社会善治的先行者》，《学术探索》2013年第12期。

③《习近平谈治国理政（第一卷）》，外文出版社2018年版，第168页。

的道德和行为准则，能够为全体公民提供道德上的统一的行为规范；另一方面，不论个体的背景、地域或群体归属，遵循共同的核心价值观能够增强人们对于本民族和国家的认同感与归属感。

核心价值观是社会运行规范的基础。社会主义核心价值观涵盖了“爱国、敬业、诚信、友善”等个人层面的价值观，这些价值观在国家的倡导下也逐渐成为社会道德规范的依据和标尺，指导着人们思想和行为。践行社会主义核心价值观有利于公民明确个人道德取向，树立正确的道德观念和行为准则，提高个人的道德情操。

有学者认为，价值观能够发挥重要的社会整合功能，[①]对社会中的矛盾与冲突进行调和与协调，使得整个社会良好运转。纵观我国历史，“三纲五常”作为我国古代的核心价值观，虽然在国家治理及社会管理等方面存在很多的缺陷和不足，但在维持社会稳定、提高公民道德水平、培育公民文化认同等方面起到了不可替代的重要作用。秦汉时期，儒家与法家共同构建了“三纲”与“五常”。汉朝后，“三纲五常”这一核心价值观逐渐深入人心。“三纲”所指的“君为臣纲、父为子纲、夫为妻纲”，将人际关系和社会秩序统一在一个封建等级体系之下，对维持社会稳定起到了重要作用。“五常”所指的“仁、义、礼、智、信”则是对个人品德层面的要求，在强调为人之本的同时，通过规范个人行为来形成和维护社会规则与秩序。“三纲”与“五常”，从个人品德层面对社会成员的思想与行为进行规范，再通过对社会关系的规范共同起到维护社会稳定的目的。新中国成立以来，我们强调集体主义，反对个人主义。一方面，当不同社会成员之间的利益发生冲突时，可以在此观念的基础上进行利益调和，维护社会稳定。另一方面，有利于引导公民在面对选择时兼顾个人利益与集体利益，当两者发生冲突时，要坚持个人利益服从于集体利益。这一核心价值观的践行，有利于发挥社会主义制度的优越性，构建社会主义交往关系。

---

①尹辉，王维平：《传播效果视域的高校社会主义核心价值观教学策略》，《思想教育研究》2022年第7期。

二、雷锋是践行社会主义核心价值观的先驱

雷锋作为“毛主席的好战士”，在其短暂的一生中，忠诚爱国、爱岗敬业、无私奉献，其行为时时处处都体现着社会主义核心价值观对于公民“爱国、敬业、诚信、友善”的基本要求。雷锋是社会主义核心价值观的模范践行者，六十多年来激励着无数人为实现国家、社会和个人的发展而努力奋斗。

（一）新中国需要开启全社会道德建设的新局面

1949年6月，毛泽东在《论人民民主专政》一文中，向全党和全国人民提出了“教育自己和改造自己”的任务。1949年9月，中国人民政治协商会议第一届全体会议通过《中国人民政治协商会议共同纲领》，根据我国国情，提出把“爱祖国、爱人民、爱劳动、爱科学、爱护公共财物”作为中华人民共和国全体人民的公德，系统地对人民的思想道德培育提出了新的要求。“五爱”是新中国成立初期我国道德建设的基本要求，也是社会主义精神文明建设的重要组成部分。通过倡导“五爱”培养公民的爱国情感，促使其摒弃个人主义思想，推动其关注和学习科学与技术，树立保护公共财物和社会资源的意识，以此来增强国家凝聚力和民族认同感，推动国家建设与社会发展。

新中国成立后，社会政治、经济、文化等方面都发生了深刻的变化，人们的价值观念与道德观念也面临新的挑战。毛泽东指出：“道德是人们经济生活与其他社会生活的要求的反映，不同阶级有不同的道德观，这就是我们的善恶论。”[①]封建落后的社会状况以及不断的战争和动荡局势使得人民长期生活在水深火热之中，道德观念逐渐丧失，社会风气沉沦不振。旧社会的封建腐朽仍未从社会中剥离，除了封建迷信之外，旧社会留下来的男尊女卑、厚葬礼仪、铺张浪费等陋习未改，卖淫嫖娼、聚众赌博等奢侈挥霍、伤风败俗的丑陋现象仍然存在。“国无德不兴，人无德不立”[②]，为了重建社会道德，改

①《毛泽东文集（第三卷）》，人民出版社1996年版，第84页。
②《习近平谈治国理政（第一卷）》，外文出版社2018年版，第168页。

善社会秩序，需要通过全社会的道德建设来增强人们的道德观念，提高整个社会的道德水平。

1954年颁布的《中华人民共和国宪法》中规定，中华人民共和国公民必须遵守社会公德。[①]在这一时期，重视培养劳动精神，倡导为人民服务的思想，弘扬集体主义精神；提倡全民劳动，宣传劳动光荣的思想，开展了一系列劳动竞赛、模范工人评选等活动；培养公民的品德修养，倡导诚实守信、友善待人等良好品质；推动废除封建社会丧事嫁娶的不合理习俗，倡导平等、和谐的婚姻观念和家庭观念等。为了推进社会主义发展和现代化建设，需要在全社会开展道德建设，以助力社会转型。

雷锋同志爱憎分明的阶级立场、言行一致的革命精神、公而忘私的共产主义风格、奋不顾身的无产阶级斗志正是社会主义中国核心价值观的生动体现。雷锋经历了从旧社会到新社会的跨越，新中国成立后，踏上工作岗位的他面临着社会的一系列变革。雷锋同志的精神风貌与党和国家在全社会开启道德建设新局面的时代需求高度吻合。

（二）雷锋是社会主义建设时期道德实践的楷模

雷锋出生于抗日战争时期一个贫苦农民家庭，至亲们都相继离世。新中国成立后，他在党和政府的关怀与帮助下长大，他把这份恩情转化为对人民和政府的爱与回报，成为社会主义建设时期道德实践的楷模。

雷锋是一个严格做到个人利益服从于集体利益的共产主义战士，他“甘做革命的一块砖，哪里需要哪里搬”。社会主义建设时期，社会发展日新月异，国家需要的人才也不断变化。雷锋生前七次更换工作岗位，永远服从于党和人民的需要，不怕困难。1985年，鞍钢要在弓长岭铁矿建一座焦化厂，需要抽调一批技术骨干和青年工人。许多人听说那里条件艰苦，不愿前往。雷锋则主动报名并写了保证书：“我愿意到最艰苦的岗位去锻炼自己。”1960

①《建国以来重要文献选编》，中央文献出版社1993年版，第541页。

年，在雷锋入伍后的新兵工作分配会议上，负责新兵工作分配的军务参谋和首长们商议后，想要雷锋抛开之前的工作经验，去汽车连学驾驶，将其分到运输连。在询问雷锋的想法时，他称："绝对服从革命需要！革命需要我去烧木炭，我就去做张思德；革命需要我去堵枪眼，我就去做黄继光。"不论是在望城县委当公务员，还是在团山湖农场开拖拉机，不论是主动报名去鞍钢成为一名钢铁工人，还是参军入伍成为汽车驾驶员，他总能顺应时代的变化，顺应祖国和人民的需要，到祖国最需要的地方去，这一系列的变化为其职业变动增添了爱国底色。

雷锋对待工作兢兢业业，从不敷衍了事。在运输连期间，由于雷锋来得较晚，汽车专业理论的学习都已经进行了一大半，很快就要进入实操阶段，而雷锋还没有入门。为此，他抓紧一切时间学习，虚心向其他同志请教并请教练员帮他补课。除了在课堂上进行实操练习，休息时间他也在模型上进行练习，连走在路上、躺在床上也在不停地琢磨着驾驶动作[①]。在工作中遇到问题，他总会想办法解决。雷锋驾驶汽车期间，从未出过任何事故。雷锋干一行、爱一行、钻一行、精一行，无论在何种工作岗位上，雷锋都能发扬其螺丝钉精神，甘当社会主义建设的"一块砖"。不论在什么工作岗位上，他都投入极大的热情，勤于思考、善于学习，得到同事和领导的一致好评。

在个人生活上，雷锋勤俭节约，艰苦朴素。在部队时，按照政策每名战士每年可领两套军装、衬衣和胶鞋，而他却只领一套，平常穿的衣服也总是带着补丁。他总说能省就省，衣服缝缝补补也能穿。平常的休息时间，他总去捡一些废旧材料，如螺丝钉、铁丝等，并将其放在"节约箱"里，等到汽车缺零件时再去箱子里找。他在日记中写道："我们是国家的主人，应该处处为国家着想，事事要精打细算，不能今朝有酒今朝醉，明日愁来明日忧。"

1962年，雷锋同志在工作中牺牲，部队在运输连举办雷锋事迹展，国防部授予其生前所在班为"雷锋班"。1963年，毛泽东题词"向雷锋同志学

---

①《雷锋的故事》，湖南人民出版社2022年版，第98页。

习”。周恩来紧随其后，为其题词“向雷锋同志学习憎爱分明的阶级立场，言行一致的革命精神，公而忘私的共产主义风格，奋不顾身的无产阶级斗志”。自此掀起了全国学雷锋的高潮。

雷锋在这一时期成为社会道德实践的楷模与时代的特殊背景密不可分。与旧社会盛行的个人主义不同，新中国初期，作为一个刚刚建立的社会主义国家，推崇社会主义和集体主义精神，强调热爱党、热爱祖国、热爱社会主义、热爱人民，社会需要民众努力做信仰坚定、积极进取、努力学习、无私奉献、团结协作、艰苦朴素、乐于助人的新时代公民。这种转变需要舍弃旧的社会风气，营造新的社会风尚并达成社会共识，从而形成新的、符合时代要求的核心价值观。社会主义建设时期的中国贫穷落后，经济基础薄弱，社会整体文化水平低，社会秩序也面临重建的问题。新中国亟需像雷锋这样的普通却不平凡的代表涌现出来，作为广大人民群众的榜样来引领社会新风尚。雷锋的所作所为及其精神符合当时社会的核心价值观和道德标准，也是国家和社会发展所需要的正能量。雷锋以其高度的责任感和奉献精神成为全社会的楷模、新中国的时代典范。

（三）雷锋精神是新中国核心价值观的集中体现

雷锋精神中所蕴含的热爱党、热爱祖国、热爱社会主义的崇高理想和坚定信念，服务人民、助人为乐的奉献精神，干一行爱一行、专一行精一行的敬业精神，锐意进取、自强不息的创新精神，艰苦奋斗、勤俭节约的创业精神，都是新中国核心价值观的集中体现，反映了新中国个人、社会和国家层面的价值取向和价值准则。

热爱党、热爱祖国、热爱社会主义的崇高理想和坚定信念。热爱党，即始终对党忠诚，拥护和贯彻执行党的方针、路线、政策，在思想上、政治上与党中央保持高度一致；热爱祖国，即热爱自己的国家，要求我们积极为祖国的繁荣富强、民族团结、社会和谐等贡献自己的力量；热爱社会主义，即热爱社会主义制度，在当代中国，爱祖国与爱社会主义在本质上是一致的。雷锋曾说“我就是长着一个心眼，我一心向着党，向着社会主义，向着共产主义。”爱国主义是中华民族精神的核心，是中华民族最基本的道德规范之一，爱党、爱国、爱社会主义也是新中国核心价值观的重要组成部分，是对我国人民的最基本的道德要求。坚定共产主义的远大理想和中国特色社会主义的共同理想，是实现中华民族伟大复兴的精神动力和力量源泉。

服务人民、助人为乐的奉献精神。全心全意为人民服务是我们党的根本宗旨，助人为乐是中华民族的传统美德。雷锋在日记中写道：“我决心永远和群众牢牢地站在一起，为人类最美好幸福的生活而斗争。”“人的生命是有限的，可是，为人民服务是无限的，我要把有限的生命，投入到无限的为人民服务之中去。”“凡是脑子里只有人民、没有自己的人，就一定能得到崇高的荣誉和威信。反之，如果脑子里只有个人、没有人民的人，他们迟早会被人民唾弃。”他毫不犹豫地投身于社会主义建设事业中，积极参加社会公益活动，帮助他人解决困难，放弃了个人的物质享受和发展的机会，始终践行为人民谋幸福的价值追求。他还通过自己的行为树立了良好的社会风尚，鼓励身边的同志互帮互助、共同进步，提倡诚实、守信、关爱他人，通过自己的行动响应社会道德建设。雷锋将“对待同志要像春天般的温暖，对待工作要像夏天一样的火热，对待个人主义要像秋风扫落叶一样，对待敌人要像严冬一样残酷无情”作为自己的座右铭，民间还流传着“雷锋出差一千里，好事做了一火车”这般佳话。当身边的人遇到困难，他总是施以援手，他还常常将自己的工资捐出来回报社会。

干一行爱一行、专一行精一行的敬业精神。敬业精神是指在工作中认真负责、不怕困难、积极主动、勇于探索、刻苦钻研、追求卓越的专业精神和职业道德。敬业精神包含高度的事业心和责任感、坚定的职业理想和不怕困难的勇气。雷锋在日记中写道：“我是一块砖，哪里需要我就往哪里填。”“我愿做一颗永不生锈的螺丝钉。”雷锋随大局而变，前后七次改变工作，但无论在哪儿、从事何种工作，他都尽职尽责做到最好，工作勤奋，兢兢业业，对待每一项任务都尽心尽力，不怕辛苦，对工作表现出高度的责任感，多次成为单位的标兵和榜样。即使是被分到完全陌生的工作岗位,他也从不抱怨,而是顾全大局,积极学习新知识,争做标兵。

锐意进取、自强不息的创新精神。锐意进取是指意志坚定,追求上进,力求有所作为。自强不息则是一种独立自主、自力更生、奋发向上、不断进取的崇高追求,它是一种为了国家繁荣富强而锐意进取、不懈奋斗的爱国主义精神的具体体现。[①]雷锋在日记中写道:“螺丝钉要经常保养和清洗,才不会生锈。人的思想也是这样,要经常检查,才不会出毛病。”“我愿做高山岩石之松,不做湖岸河旁之柳。我愿在暴风雨中——艰苦的斗争中锻炼自己,不愿在平平静静的日子里度过自己的一生。”雷锋在工作后并未停止学习,他不断学习与岗位相关的新知识,掌握新技能,将自己所学与工作实践相结合,提高自身服务社会的能力水平。他在思想上也积极进取,总将一本《毛泽东选集》带在身边,称“人不吃饭不行,打仗没有武器不行,开车没有方向盘不行,干革命不学习毛主席著作不行”。

艰苦奋斗、勤俭节约的创业精神。艰苦奋斗意味着不怕艰辛、不畏困难、勇往直前,为实现自己的目标而付出艰苦卓绝的努力,坚韧顽强、不屈不挠。勤俭节约则是一种珍惜物质资源、避免浪费的精神。艰苦奋斗、勤俭节约是中华民族的优良传统,也是我们党的传家宝。“不论我们国家发展到什么水平,不论人民生活改善到什么地步,艰苦奋斗、勤俭节约的思想永远不能丢。”[②]雷锋在日记中写道:“在工作上,要向积极性最高的同志看齐;在生活上,要向水平最低的同志看齐。”“世界上最光荣的事——劳动。世界上最体面的人——劳动者。”他在生活上节约朴素,穿的衣服总是打着补丁,总将工资存下来想为国家的建设与发展出一份力。

雷锋身上所具有的这些精神正是新中国核心价值观的集中体现,通过对其先进事迹进行宣传,可以引导社会上的其他成员践行核心价值观,提高

---

①董振华:《中国梦与中国精神》,人民出版社2015年版,第76页。

②《习近平关于“不忘初心、牢记使命”论述摘编》,北京:党建读物出版社中央文献出版社,2019年版,第245页。

公民的道德修养，规范社会行为。

三、做新征程上社会主义核心价值观的模范践行者

新时代新征程，每个人都是全面建成社会主义现代化强国的见证者与参与者。党的二十大报告再次强调，要广泛践行社会主义核心价值观。有学者认为，社会主义核心价值观是中国特色社会主义实践的价值表达，深刻揭示了中国特色社会主义伟大实践要实现的价值目标，是实现中华民族伟大复兴中国梦的精神基础和价值支撑。[①]新征程上，我们要做新时代的新雷锋，秉持正确的思想方向，坚持正确的价值观念，自觉践行社会主义核心价值观，在生活和工作中为他人树立良好的榜样，通过实际行动和言传身教，将社会主义核心价值观从国家倡导转化为个人行为，用社会主义核心价值观提升个人思想境界、规范个人社会行为、筑牢文化自信，做新征程上社会主义核心价值观的模范践行者。

（一）用社会主义核心价值观提升个人思想境界

社会主义核心价值观是当代中国精神的集中体现，具有鲜明的时代特色和社会意义。有学者认为，社会主义核心价值观为个人品德建设提供了根本的价值遵循。[②]社会主义核心价值观蕴含着中国现代文明的精髓，明确了中国社会的价值追求，为社会提供了具有普遍意义和现实意义的价值引导，塑造了良好的社会精神风貌。

做传承中华优秀传统文化的积极分子。社会主义核心价值观与中华优秀传统文化具有深厚渊源。个人思想境界的提升离不开中华优秀传统文化的滋养。“要认真汲取中华优秀传统文化的思想精华和道德精髓”，“深入挖

---

①戴木才：《论国家倡导社会主义核心价值观的依据、意义和着力点》，《教学与研究》2019年第1期。

②孙宇萌：《社会主义核心价值观引领个人品德建设的三重逻辑》，《学校党建与思想教育》2023年第12期。

掘和阐发中华优秀传统文化讲仁爱、重民本、守诚信、崇正义、尚和合、求大同的时代价值,使中华优秀传统文化成为涵养社会主义核心价值观的重要源泉"[①]。要继承与发扬中华优秀传统文化中治国理政的智慧,如修己立身、为政以德、慈惠爱民、忠君报国、任人唯贤的价值取向。现代道德观念是在中华优秀传统文化基础上的继承与发展,要以传承中华优秀传统文化为载体来传播社会主义核心价值观,进一步提升公民的道德修养。

坚定践行社会主义核心价值观。习近平总书记指出:"教育引导是培育和弘扬社会主义核心价值观的基础性工作。"[②]"要坚持不懈培育和弘扬社会主义核心价值观,引导广大师生做社会主义核心价值观的坚定信仰者、积极传播者、模范践行者。"[③]近年来,多种社会思潮涌现,网络的发展使得不同的价值观有了更加广泛的传播空间。由于青年人存在价值观尚未定型等特征,相比于其他人群,青年人在一定程度上更易受到各种非主流价值观的影响。因此,有必要通过学校教育、家庭教育和社会教育相结合的方式,共同引导青年人形成正确的、符合当前社会发展的价值观念,增强青年人对社会主义核心价值观的认可,使社会主义核心价值观深入青年人的心中。

做清朗虚拟网络空间的建设者。习近平总书记指出:"一种价值观要真正发挥作用,必须融入社会生活,让人们在实践中感知它、领悟它。"[④]现代信息技术极大地拓展了人类的生存空间,虚拟网络空间极大地影响着人们的社会生活。要利用好网络平台,通过官方网站、微信公众号等媒体平台定期发布与社会主义核心价值观相关的文章、视频、图片等,对典型事例进行宣传。可以通过网络教育平台来广泛开展网络教育,包括对社会主义核心价值观的理论解读、实践指导等,方便广大群众进行学习,增强其对社会主义核心价值观的理解。还可以鼓励和引导广大群众创作与社会主义核心价值

①《习近平谈治国理政(第一卷)》,外文出版社2018年版,第164页。
②习近平:《论党的宣传思想工作》,中央文献出版社2020年版,第57页。
③《习近平谈治国理政(第二卷)》,外文出版社2017年版,第377页。
④《习近平谈治国理政(第一卷)》,外文出版社2018年版,第165页。

观相符的小说、漫画、动漫等，通过这些正能量的网络作品来推动社会主义核心价值观的广泛传播，使其深入人心。

常修常念个人理想信念。习近平总书记曾说：“理想信念是共产党人精神上的‘钙’，理想信念坚定，骨头就硬；没有理想信念，或理想信念不坚定，精神上就会‘缺钙’，就会得‘软骨病’。”[①]“理想信念动摇是最危险的动摇，理想信念滑坡是最危险的滑坡。”[②]一个人只有拥有了坚定的理想信念，才能拥有敢于追求的顽强意志，坚定的理想信念是培育和践行社会主义核心价值观的精神支柱。当前，各类社会思潮涌现，意识形态领域的斗争日益复杂激烈。西方资本主义国家通过网络、电视、报纸等媒体渠道来广泛传播他们的价值观念和意识形态，一些西方媒体甚至通过歪曲事实、抹黑中国等方式来达到他们的目的，制造谣言、混淆是非、动摇人心。为此，更需加强公民的理想信念教育，增强公民对中国特色社会主义的认同，推动社会主义核心价值观深入人心，提升公民思想境界。

（二）用社会主义核心价值观规范个人社会行为

社会主义核心价值观明确了社会共同的价值追求，自其提出后逐渐成为整个社会及公民个人行为准则的基础。社会主义核心价值观涉及政治、经济、文化、社会等多个方面的价值追求，这种共同的价值追求被用来规范公民的行为，以实现社会的共同进步。

主动强化价值认同。道德能否发挥作用关键要看它能否转化为个人的社会行为，做到“内化于心，外化于行”。内心的道德可以通过实践转化为外在的力量，而在实践中践行社会主义核心价值观又能够促进个人思想道德境界的提升，二者相互促进。公民发自内心地高度认同社会主义核心价值观中所蕴含的价值取向，有利于其在日常学习、工作、生活中自觉践行社会主义核心价值观，使其行为在无意识间得到规范。

①《习近平谈治国理政（第一卷）》，外文出版社2018年版，第414页。
②《习近平谈治国理政（第二卷）》，外文出版社2017年版，第34页。

完善个体践行机制。社会主义核心价值观对个人行为具有重要的引导作用。将社会主义核心价值观对个人层面的要求树立为整个社会公民的目标和行为准则，有利于引导公民在面临各种抉择时根据这些价值观来进行判断和决策。社会主义核心价值观的引导作用可以在一定程度上改变个人的自私自利和短视行为，从而促进社会和谐稳定发展。在实践层面，要完善实践载体，建好用好新时代文明实践中心、站、所，将学雷锋志愿服务活动常态化。建立培育和践行社会主义核心价值观的激励机制，将个人对社会主义核心价值观的践行情况纳入升学、入伍，提拔、晋升的考察体系，将不良行为计入个人征信体系，通过完备的实践机制，强化社会主义核心价值观对公民个人行为的规范作用。

扣好人生第一粒扣子。学校是培育社会主义核心价值观的重要阵地，要通过加强教育来发挥社会主义核心价值观对学生行为的规范作用。“要坚持教育引导学生培育和践行社会主义核心价值观，做到品德润身、公德善心、大德铸魂。”①“要抓住青少年价值观形成和确定的关键时期，引导青少年扣好人生第一粒扣子。”②一方面，要通过学校教育来推动社会主义核心价值观在学生群体中入脑入心，通过课堂内外知识的学习与实践相结合的形式，通过学校教育、家庭教育和社会教育相辅相成的方式，推动学生自觉践行社会主义核心价值观。另一方面，培育和践行社会主义核心价值观、加强中小学德育是推进中国特色社会主义事业的必然要求，“要把育人为本作为教育工作的根本要求，加强理想信念教育和道德教育，把社会主义核心价值体系融入国民教育全过程，深入推动中国特色社会主义理论体系进教材、进课堂、进头脑，引导学生形成正确的世界观、人生观、价值观”③。

积极向榜样学习。习近平总书记指出，在培育和践行社会主义核心价值观中要重视榜样的作用。“榜样的力量是无穷的，广大党员、干部必须带头

①习近平：《论党的宣传思想工作》，中央文献出版社2020年版，第346页。
②习近平：《论党的宣传思想工作》，中央文献出版社2020年版，第340页。
③胡锦涛：《在全国教育工作会议上的讲话》，人民出版社2010年版，第12页。

学习和弘扬社会主义核心价值观，用自己的模范行为和高尚人格感召群众、带动群众。”[①]在社会生活中，榜样对他人具有潜移默化的影响，能够激励民众向榜样学习、追求更高的奋斗目标和更加良好的精神状态。用社会主义核心价值观规范社会行为，需要发挥好榜样的作用。可以通过组织各类评选活动，如优秀志愿者、优秀共产党员、先进工作者、先进集体、感动中国人物、最美家庭评选等，从各个层面评选出符合社会主义核心价值观要求的突出个人与集体，推举出各类榜样，并积极宣传其先进事迹，发挥好榜样对广大民众的引导作用，促使民众积极向榜样学习，自觉用社会主义核心价值观来规范自我行为。

把践行要求作为刚性约束。党的二十大报告指出，要坚持依法治国和以德治国相结合，把社会主义核心价值观融入法治建设、融入社会发展、融入日常生活。习近平总书记指出：“要按照社会主义核心价值观的基本要求，健全各行各业规章制度，完善市民公约、乡规民约、学生守则等行为准则，使社会主义核心价值观成为人们日常工作生活的基本遵循。”[②]坚持依法治国与以德治国相结合，需要我们更好地将社会主义核心价值观贯彻到法律生活中去，在依照法律治理国家的同时兼顾道德层面，做到依法治国与以德治国相结合。社会主义核心价值观的践行，不能仅靠理念和道德上的软性规范，还需拥有法律和制度的硬性支持，通过实施惩罚奖励等方式来引导公民共同践行社会主义核心价值观。习近平总书记指出：“要把社会主义核心价值观的要求转化为具有刚性约束力的法律规定，用法律来推动核心价值观建设。”[③]社会主义法治国家建设要求将这些价值观转化为具体的法律和制度规定。法律和制度的支持可以增强价值观的权威性和可操作性，提高社会主义核心价值观对社会行为的规范作用。要完善法律法规体系，将社会主义核心价值观融入法律法规体系中，使其更好地体现社会主义核心

①《习近平谈治国理政（第一卷）》，外文出版社2018年版，第164页。
②《习近平谈治国理政（第一卷）》，外文出版社2018年版，第165页。
③习近平：《论党的宣传思想工作》，中央文献出版社2020年版，第59-60页。

价值观的要求，体现我们当前的价值判断与价值选择。要将社会主义核心价值观融入法治建设的各个环节，时刻体现社会主义核心价值观的要求。目前，我国已将社会主义核心价值观中的一些内容融入法治建设中，予以法律制度的直接保障。与此同时，还可进一步将一些道德层面的要求转化为法律层面的要求和规定，如孝顺长辈、诚实守信、爱岗敬业等，切实发挥社会主义核心价值观对社会行为的规范作用。2020年颁布的《中华人民共和国民法典》第一条就将弘扬社会主义核心价值观作为制定该法的基本目的，社会主义核心价值观的基本内容也在民法典的条例中予以体现。以见义勇为为例，多年以来，见义勇为者实施救助以后，自身的损失无法得到补偿，甚至见义勇为后反被他人告上法庭的事例屡见不鲜，造成“见义”而“不为”的不良社会风气逐渐蔓延。为解决这个问题，我国从立法层面上不断进行了探讨和努力，最终形成了合理和完善的见义勇为法律制度。《中华人民共和国民法典》第一百八十三条和第一百八十四条分别规定“因保护他人民事权益使自己受到损害的，由侵权人承担民事责任，受益人可以给予适当补偿。没有侵权人、侵权人逃逸或者无力承担民事责任，受害人请求补偿的，受益人应当给予适当补偿。”“因自愿实施紧急救助行为造成受助人损害的，救助人不承担民事责任。”法律条例的完善有利于维护见义勇为者的合法权益，也有利于社会成员放下顾虑，敢于见义勇为，营造团结向善、互帮互助的社会氛围，重现“好事做了一火车”的景象。

（三）用社会主义核心价值观筑牢文化自信

习近平总书记指出：“核心价值观是文化软实力的灵魂、文化软实力建设的重点。这是决定文化性质和方向的最深层次要素。一个国家的文化软实力，从根本上说，取决于其核心价值观的生命力、凝聚力、感召力。”[①]社会主义核心价值观是中国特色社会主义文化的重要组成部分。文化自信是对

①《习近平谈治国理政（第一卷）》，外文出版社2018年版，第163页。

自身文化的自信定位和自我认同。社会主义核心价值观是中国特色社会主义思想的重要表达与体现之一,是民族性与时代性的有机结合。文化自信的根本是价值观自信,核心价值观自信在文化自信中起着重要的作用。

推动中华优秀传统文化创造性转化、创新性发展。习近平总书记指出:"培育和弘扬社会主义核心价值观必须立足中华优秀传统文化。"①社会主义核心价值观是中华优秀传统文化的精髓。"从某种角度看,格物致知、诚意正心、修身是个人层面的要求,齐家是社会层面的要求,治国平天下是国家层面的要求。我们提出的社会主义核心价值观,把涉及国家、社会、公民的价值要求融为一体,既体现了社会主义本质要求,继承了中华优秀传统文化,也吸收了世界文明有益成果,体现了时代精神。"②弘扬中华优秀传统文化是提高文化自信的基本途径之一。社会主义核心价值观突出体现了中华优秀传统文化中的"爱国、敬业、诚信、友善"等价值观,体现了中华优秀传统文化的时代价值及其适应新时代发展要求的内在本质。社会主义核心价值观与中华优秀传统文化之间形成相互促进、互相交融的关系,有利于筑牢文化自信的坚实基础。

构建社会主义核心价值观的文化认同机制。社会主义核心价值观"凝结着社会主义先进文化的精髓,是中国特色社会主义道路、理论体系和制度的价值表达"③。有学者认为,要以增强社会主义核心价值观的理论说服力为前提、以满足人民群众自身的价值需要为目的、以活化社会主义核心价值观的传播方式为媒介、以营造有利于社会主义核心价值观传播的社会氛围为条件④,推动公民对社会主义核心价值观的文化认同。要推动社会主义核心价值观融入现实生活,让公民在现实生活中感受到社会主义核心价值观的文化先进性,形成全社会倡导社会主义核心价值观的氛围,夯实文化自信

①《习近平谈治国理政(第一卷)》,外文出版社2018年版,第163-164页。
②《习近平谈治国理政(第一卷)》,外文出版社2018年版,第169页。
③《习近平总书记系列重要讲话读本》,学习出版社、人民出版社2014年版,第93页。
④廖志诚:《论社会主义核心价值观文化认同机制的建构逻辑》,《探索》2015年第2期。

的现实根基。一方面,要通过加强舆论引导使民众养成关心国家大事、关注社会发展的习惯。不断创新文化舆论引导方式,唱响主旋律,在文化层面上营造对社会主义核心价值观认同的浓厚社会氛围,发挥社会主义核心价值观的引领作用。另一方面,要通过实践体验来增强公民对社会主义核心价值观的认同。要把培育和践行社会主义核心价值观贯穿到社会实践中去,通过组织相应的活动来增强人们的体验感,深入理解与感受社会主义核心价值观中所蕴含的文化价值,使其产生共鸣,增强对社会主义核心价值观的文化认同,并鼓励人们在日常生活中自觉践行社会主义核心价值观。

通过社会主义核心价值观教育来筑牢文化自信。要加强学校教育,注重培养学生的理论意识与价值观念,并将其纳入学生日常教育教学活动中。从坚定理想信念、强化文化自信两个方面,引导学生从深层次认识和审视自身文化的特点与价值,加深其对社会主义核心价值观和本国文化的认同与拥护。通过媒体加强对社会主义核心价值观的宣传,营造浓厚的价值认同氛围。党员干部要带头践行社会主义核心价值观,在实际工作中以身作则。要在全社会培育和践行社会主义核心价值观,使得国人的文化自信不断增强。

第五章　做乐于助人热心公益的忘我奉献者

习近平总书记指出:“雷锋是时代的楷模,雷锋精神是永恒的。”①伴随着社会发展,雷锋精神不仅没有过时,反而愈加有魅力,尤其是蕴含其中的乐于助人热心公益的奉献价值散发出蓬勃生机。全心全意为人民服务是雷锋精神的实质和核心,是雷锋精神能够永葆旺盛生命力与活力的源泉和动力,是雷锋精神最深刻的内涵和最鲜明的特质。新时代,全心全意为人民服务主要体现为助人为乐、热心公益,做服务社会和人民的奉献者。

一、理解和把握乐于助人热心公益的三重逻辑

党的二十大报告指出,弘扬以伟大建党精神为源头的中国共产党人精神谱系,用好红色资源,深入开展社会主义核心价值观宣传教育,深化爱国主义、集体主义、社会主义教育,着力培养担当民族复兴大任的时代新人。雷锋精神以其贴近民众而令人景仰的魅力,成为社会的呼唤、时代的强音、党和国家的宝贵精神财富。深刻把握雷锋精神所蕴含的乐于助人热心公益之奉献精神的理论逻辑、历史逻辑和现实逻辑,对新时代新征程全面建设社会主义现代化国家具有重要意义。

(一)理论逻辑:在乐于助人中实现人的价值是马克思主义价值论的立论基石

马克思以“现实的人”为基点,从人本身及其主体性、社会性、实践性的

①《习近平关于社会主义精神文明建设论述摘编》,中央文献出版社2022年版,第152页。

角度出发,提出和阐述人的价值思想。"人的本质不是单个人所固有的抽象物,在其现实性上,它是一切社会关系的总和。"①人从来不是孤立于社会的抽象原子,而是社会存在中的有机组成部分。"人们只有为同时代人的完美、为他们的幸福而工作,才能使自己也达到完美。"②人的价值实现不能脱离于社会而存在,人的价值作为一种特殊的价值形态,是人与人之间互为主客体的关系范畴。基于此,人的价值可以分为自我价值和社会价值。自我价值是个人从社会和他人赢得尊重,获得自我生存和发展等需要的满足。社会价值是个人贡献体力和智力、创造物质产品和精神产品,以满足社会和他人的需要。

人的自我价值和社会价值互为辩证,前者是后者的前提和基础,后者为前者的实现提供条件和保证,但究其本质,人生价值在于社会价值。个人的自我价值离不开社会条件的支持,社会价值的实现有利于自我价值的充分实现。正如习近平总书记在庆祝海南建省办经济特区30周年大会上的讲话中指出:"要不忘初心、牢记使命,以'功成不必在我'的精神境界和'功成必定有我'的历史担当,保持历史耐心,发扬钉钉子精神,一张蓝图绘到底,一任接着一任干,在实现'两个一百年'奋斗目标、实现中华民族伟大复兴中国梦的新征程上努力创造无愧于时代的新业绩!"③个人只有把自己同社会和他人联系起来,承担责任、做出贡献,创造社会价值、推动社会发展,才能求得个人发展。人是历史的"剧中人",又是历史的"剧作者"。"如果一个人只为自己劳动,他也许能够成为著名的学者、伟大的哲人、卓越的诗人,然而他永远不能成为完美的、真正伟大的人物。"④要树立正确的人生价值观,把全人类的幸福作为工作着眼点,使人的价值得到极大的彰显。

(二)历史逻辑:乐于助人热心公益的奉献精神是中国共产党领导中国人民实现伟大胜利的精神标识

"全心全意为人民服务"是马克思主义人民立场的鲜明体现,也是中国

①《马克思恩格斯选集(第一卷)》,人民出版社1995年版,第60页。
②《马克思恩格斯全集(第一卷)》,人民出版社1995年版,第459页。
③习近平:《在庆祝海南建省办经济特区30周年大会上的讲话》,《人民日报》2018年4月14日
④《马克思恩格斯全集(第一卷)》,人民出版社1995年版,第459页。

共产党一切工作的出发点和落脚点。在绵延五千年的历史长河中，中华民族创造了辉煌灿烂的中华文明，留下了许多牺牲小我、成就大我的奉献故事。百余年来，我们党的精神谱系的具体形态层出不穷，但万变不离其宗，其为人民服务的宗旨不变，中国梦的追求不变，秉持民族利益和人民立场不变。习近平总书记指出，要"志存高远、脚踏实地，不畏艰难险阻，勇担时代使命，把个人的理想追求融入党和国家事业之中，为党、为祖国、为人民多作贡献"[①]。百年来，无数中国共产党人前仆后继，为党和人民的事业奉献汗水和青春，甚至献出了热血和生命。我们党之所以能够经受一次次挫折而又一次次奋起，千千万万的党员之所以能够为党和人民的事业鞠躬尽瘁、贡献力量，最核心的凝聚力就是奉献精神。以奉献为底色，一代又一代中国共产党人，在血雨腥风中经受考验，在面临危险时奋不顾身，在遭遇挫折时一往无前，以"立党为公、忠诚为民"的奉献精神，谱写了一曲曲气吞山河的英雄壮歌。据统计，中华人民共和国成立时，我们党有448万名党员，而此前为革命牺牲的、可以查到姓名的党员就达370多万名。这些抛头颅、洒热血的英烈，就是关于奉献的最好教材。再比如，原国家测绘地理信息局第一大地测量队在60多年里，深入西藏无人区46次，进驻内蒙古荒原36次，踏入新疆腹地48次，徒步行程5900多万公里，46名同志先后献出生命。习近平总书记充分肯定了他们的先进事迹，指出："忠于党、忠于人民、无私奉献，是共产党人的优秀品质。"[②]

中国共产党的百年历史，就是一部践行党的初心使命的历史，就是一部党与人民心连心、同呼吸、共命运的历史。恩格斯指出，资产阶级作为政党甚至作为国家政权，对无产阶级的态度是反对、敌视、剥削和奴役，而共产主义正是要消除这种敌对。中国共产党一经诞生，就把为中国人民谋幸福、为中华民族谋复兴确立为自己的初心使命，就把"人民"二字铭刻在心，把坚持

①习近平：《回信寄语广大高校毕业生——习近平：把个人理想追求融入党和国家事业之中》，《人民日报(海外版)》2020年7月9日。

②《习近平书信选集(第一卷)》，中央文献出版社2022年版，第54页。

人民利益高于一切鲜明地写在自己的旗帜上，始终不渝为中国人民谋幸福、为中华民族谋复兴。中国共产党的“两个先锋队”性质、全心全意为人民服务的根本宗旨、实现共产主义的最高理想和远大目标，决定了奉献不是可有可无的“选答题”，而是应当全力以赴的“必答题”。党的二大鲜明提出，中国共产党应当是无产阶级中最有革命精神的广大群众组织起来为无产阶级之利益而奋斗的政党。习近平总书记指出：“以百姓心为心，与人民同呼吸、共命运、心连心，是党的初心，也是党的恒心。”①

党的十八大以来，以习近平同志为核心的党中央指出奉献精神应成为新时代奋斗者的价值追求，高度赞扬那些扎实肯干、奋发有为、无私奉献的党员干部、军人、科技工作者、教育工作者等先进人物。奉献精神源于历史，超越历史，它厚植于中华优秀传统文化之中，更淬炼于中国共产党带领中国人民爱国奉献的历史进程之中。奉献精神跨越时空、历久弥新，贯穿中国共产党人精神谱系始终，同时深深融入中华文明血脉，总是在历史进步中不断丰富，在重大考验中不断升华，坚实支撑起中华民族不屈的脊梁。

（三）现实逻辑：乐于助人热心公益有助于实现中华民族伟大复兴

一切从实际出发的根本要求揭示了奉献精神的实然性，指出了无私奉献的真实面貌。“追梦需要激情和理想，圆梦需要奋斗和奉献。”实现中华民族伟大复兴是近代以来中华民族最伟大的梦想，凝聚了几代中国人的夙愿。“人无精神则不立，国无精神则不强。”一代人有一代人的使命，一代人有一代人的奉献。新时代新征程，强烈呼唤全党全国各族人民的奉献精神。要赋予奉献精神新的时代内涵，全面塑造正气充盈、昂扬向上的社会新风尚，激励全党全国各族人民用实践诠释奉献、以奉献镌刻荣光，创造令世人刮目相看的新的更大奇迹。

新时代，弘扬和践行奉献精神要顺应中国发展的现状与实际，坚持一切

①《习近平关于全面从严治党论述摘编（2021年版）》，中央文献出版社2021年版，第348页。

从实际出发。党的二十大擘画了以中国式现代化全面推进中华民族伟大复兴的宏伟蓝图，明确了“两步走”的战略安排。中国式现代化是物质文明、政治文明、精神文明、社会文明和生态文明“五位一体”发展的立体式现代化。作为全球人口规模最大的国家，14亿多人口整体迈入现代化，进而逐步实现全体人民共同富裕，其发展任务之重、难度之大，世所罕见、史无前例。只有全党全国各族人民奋勇争先、拼搏奉献，全面建设社会主义现代化国家、全面推进中华民族伟大复兴的宏伟蓝图才能一步步变成美好现实。

实现中华民族伟大复兴的中国梦，是国家梦、民族梦、人民梦“三位一体”的有机统一，是强国梦、复兴梦、幸福梦的有机结合，要求弘扬奉献精神。伟大梦想是等不来、喊不来的，而是拼出来、干出来的。现在，我们比历史上任何时期都更接近、更有信心和能力实现中华民族伟大复兴的目标，前景无比光明，舞台无比广阔。只有全党全国各族人民万众一心、众志成城，把“小我”融入“大我”，凝聚形成同心共圆中国梦的强大合力，才能开创中华民族伟大复兴更加壮阔的未来。当前，世界之变、时代之变、历史之变的特征更加明显，我国发展既面临新的战略机遇，也面临新的战略环境，需要应对的风险和挑战、需要解决的矛盾和问题，比以往更加错综复杂。中华民族伟大复兴绝不是轻轻松松、敲锣打鼓就能实现的，必须进行具有许多新的历史特点的伟大斗争，付出更为艰巨、更为艰苦的努力。坚持就是胜利，坚持才能胜利。只有全党全国各族人民甘于牺牲、乐于奉献，坚持发扬斗争精神，携手应对风险挑战，并肩战胜艰难险阻，才能推动中华民族伟大复兴的巨轮乘风破浪、行稳致远。

二、雷锋是乐于助人热心公益的楷模

党的二十大报告提出，要在全社会弘扬奉献精神。一个国家、一个民族的生存和发展，需要千千万万个脚踏实地、默默耕耘的奉献者。雷锋就是把自己的小我融入祖国的大我、人民的大我之中，自觉为人民、为社会、为国家竭诚奉献的乐于助人热心公益之楷模。

（一）乐于助人热心公益是雷锋的世界观、人生观、价值观

雷锋深受马克思主义、毛泽东思想的影响，立志“要做一个有利于人民的人、有利于国家的人”①。他说：“如果说这是‘傻子’，那我甘心愿意做这样的‘傻子’的。革命需要这样的‘傻子’，建设也需要这样的‘傻子’。”②雷锋从心里感谢共产党，感谢毛主席，他知道，自己能够活下来以及有现在的一切，都是党和人民政府给的，自己要把一切交给党。《雷锋日记选》虽只有短短89页，但其中，有21次提及“为人民服务”，101次提及“人民”。雷锋写道：“我觉得一个革命者活着，就应该把毕生精力和整个生命为人类解放事业——共产主义全部献出。我活着只有一个目的，就是做一个对人民有用的人。生为人民生，死为人民死。”③在《你为未来带来了什么？》一文中，雷锋写道：“我们吃饭是为了活着，可活着不是为了吃饭。我活着是为了全心全意为人民服务，是为人类的解放事业——共产主义而斗争。”④

“全心全意为人民服务”的世界观、人生观、价值观为雷锋的实践行动提供了科学指引。在雷锋短暂的一生中，他用自己的言行深刻回答了“人为什么活着、为谁活着、人生的意义和价值何在”这一根本性的问题。有一句话说：“雷锋出差一千里，好事做了一火车。”这并不是过誉之词。在工作中，即便是被树立为学习榜样，雷锋也从来没有脱离生产一线，而是比其他人完成更多的生产任务。1962年8月15日上午8点多钟，天下起了小雨，不能施工了，雷锋便开车从工地回到驻地，他的助手乔安山坐在副驾驶位置上。雷锋把车开进连队车场后，发现车身上溅了许多泥水，一向特别珍爱汽车的雷锋不顾长途开车的疲劳，决定把车开到空地去洗车。当车经过营房前一段比较窄的过道时，雷锋知道在这里指挥倒车是有危险的，便让乔安山开车，自

---

①《雷锋日记选》，人民出版社1973年版，第13页。
②《雷锋日记选》，人民出版社1973年版，第13页。
③陈广生：《雷锋的故事》，人民出版社1973年版，第67页。
④《雷锋日记选》，人民出版社1973年版，第88-89页。

己站在过道边上，扬着手臂指挥乔安山倒车转弯。倒车过程中，汽车突然左后轮滑进了路边水沟，车身一摇晃，猛然碰倒了一根平常晒衣服被子用的方木杆子，方木杆子的棱角恰巧砸在雷锋的右太阳穴上，雷锋当即倒地，昏了过去。乔安山下车，见雷锋昏厥，立即叫来战友，大家用担架把他送到附近医院抢救。各级首长立即赶到医院，并且下令以最快速度把沈阳的医疗专家接来抢救雷锋。然而，由于雷锋颅骨损伤，导致脑机能障碍，抢救无效，雷锋于这天上午停止了呼吸，年仅22岁。雷锋用实际行动实现了他"生为人民生、死为人民死"的铮铮誓言。

（二）乐于助人热心公益的奉献精神是雷锋精神的核心与本质

雷锋精神的一个典型标识，就是全心全意为人民服务。乐于助人热心公益的奉献精神是雷锋精神的主要特质，是雷锋精神能够永葆旺盛生命力与活力的源泉和动力，是雷锋精神最深刻的内涵和最鲜明的品格。雷锋心里永远装着人民，他总是想着"永远愉快地多给别人，少从别人那里拿取"[①]，他"活着就是为了别人过得更好"。雷锋在高小毕业典礼上宣誓："我响应党的号召，去当新式农民，决心做个好农民，驾起拖拉机耕耘祖国大地；将来，如果祖国需要，我就去做个好工人建设祖国；将来，如果祖国需要，我就去参军做个好战士，拿起枪用生命和鲜血保卫祖国。"他还多次在日记中写道："当祖国和人民处在最危急的关头，我就挺身而出，不怕牺牲。生为人民生，死为人民死。"[②]雷锋是这样说的，也是这样做的。从农村到机关，从工厂到部队，凡是雷锋走过的地方，都留下了数不清的好人好事。跨越时空，雷锋精神历经六十年风雨仍旧经久不衰，他那种始终怀抱人生理想，在每一个岗位上都尽职尽责、追求卓越的奉献精神始终是社会发展所需，他坚定不移地投入社会主义建设事业之中，至今仍是我们需要学习和弘扬的。

进入新时代，雷锋精神中服务人民、助人为乐的奉献精神有了新的注

---

①《见证人讲述：雷锋日记》，人民出版社2018年版，第125页。

②《雷锋日记选》，人民出版社1973年版，第54页。

脚，催生了以公益服务为核心的志愿精神。习近平总书记强调："希望广大志愿者、志愿服务组织、志愿服务工作者立足新时代、展现新作为，弘扬奉献、友爱、互助、进步的志愿精神，继续以实际行动书写新时代的雷锋故事。"[①]雷锋精神和志愿精神，尽管在时代背景、文化表达、服务载体上不尽相同，但价值向度吻合一致，其内核和灵魂都是全心全意为人民服务的精神。雷锋在日记中写道："好好地学习、顽强地工作，为党和人民的事业贡献自己的一切，做一个毫无利己之心的人。"[②]雷锋是旧社会受剥削、受压迫的孤儿，解放以后受到党和政府的关怀和帮助，上了小学，参加工作，入伍入党，每一次进步都让他感受到党的恩情。雷锋把有限的生命投入到无限的为人民服务之中去，而中国志愿服务是为了满足人民群众对美好生活的向往。雷锋精神不仅为中国志愿服务的兴起和发展提供了深厚的价值理念基础，也昭示了知行合一的实践路径。

（三）大力弘扬乐于助人热心公益的奉献精神之出发点和落脚点是为人民服务

雷锋是新中国成立以来最突出的一个模范人物，他的精神影响和激励着一代又一代人。正如雷锋写道："人的生命是有限的，可是，为人民服务是无限的，我要把有限的生命，投入到无限的为人民服务之中去。"[③]新时代弘扬雷锋精神，尤其是奉献精神，出发点和落脚点都是为人民服务。坚持为社会服务、为人民服务是学雷锋的重要任务和鲜明特色。只有不计个人得失，自觉把有限的生命投入到无限的为人民服务之中去，把"为人民"作为不变的价值追求，把"人民性"作为永恒的价值底色，才能在平凡的奉献中书写不凡的人生华章。

为人民服务，不是一个抽象的、空洞的概念，必须贯彻落实到党治国理

①《习近平致信祝贺中国志愿服务联合会第二届会员代表大会召开强调弘扬奉献友爱互助进步的志愿精神以实际行动书写新时代的雷锋故事》，《人民日报》2019年7月25日。

②《雷锋日记选》，人民出版社1973年版，第5页。

③《雷锋日记选》，人民出版社1973年版，第57页。

政的各领域和全过程。1944年9月8日，在张思德的追悼会上，毛泽东同志明确申明："我们这个队伍完全是为着解放人民的，是彻底地为人民的利益工作的。"习近平总书记多次讲过"半条被子"的故事，他借用徐解秀老人的话："什么是共产党？共产党就是自己有一条被子，也要剪下半条给老百姓的人。"百年征程波澜壮阔，百年初心历久弥坚。从石库门到天安门，从兴业路到复兴路，从开启新时期到跨入新世纪，从站上新起点到进入新时代，我们党所做的一切，都是为了人民。习近平总书记指出："只有坚持以人民为中心的发展思想，坚持发展为了人民、发展依靠人民、发展成果由人民共享，才会有正确的发展观、现代化观。"①党的十八大以来，以习近平同志为核心的党中央把脱贫攻坚作为重中之重，使现行标准下农村贫困人口全部脱贫，就是促进全体人民共同富裕的一项重大举措。经过8年持续奋斗，832个贫困县全部摘帽，全国近1亿贫困人口实现脱贫，困扰中华民族几千年的绝对贫困问题得到历史性解决，创造了人类减贫史上的奇迹，在实现共同富裕的道路上迈出了坚实的一大步。脱贫摘帽、全面小康不是终点，而是新生活、新奋斗的起点，是共同富裕奋进路的新起点。

三、新时代需要乐于助人热心公益的忘我奉献者

习近平总书记指出："人无精神则不立，国无精神则不强。"一代人有一代人的使命，一代人有一代人的奉献。奋进新征程、建功新时代，要赋予奉献精神新的时代内涵，全面塑造正气充盈、昂扬向上的社会新风尚，激励全党全国各族人民通过乐于助人热心公益的实践诠释奉献，让学雷锋活动融入日常、化作经常。

（一）在全社会营造乐于助人热心公益的良好氛围

新时代，中国特色社会主义志愿服务逐渐走向全民参与、全民共享的格

①《习近平著作选读（第二卷）》，人民出版社2023年版，第407页。

局，要创造各阶层、各群体踊跃加入志愿组织、踊跃参加志愿服务开展公益活动的社会氛围，并且适应广大人民群众日益发展的利益需求，提供更多更好的关爱和帮助，促进社会文明进步，促进全社会共同富裕。

一是加强党员乐于助人热心公益的示范性。雷锋同志是“感党恩、听党话、跟党走”的先进典型。他在日记中写道：“亲爱的党，我慈祥的母亲，我要永远做您的忠实儿子，在您的教导下，永远朝气勃勃地前进，勤勤恳恳地学习和工作，和全国人民一道，为建设社会主义和实现共产主义而献出自己的全部力量直至生命。”[①]在我国学雷锋活动的历史中，党员志愿者是先行示范的群体，是带动各类群体参与学雷锋活动的先锋力量。未来，共产党员要积极弘扬全心全意为人民服务的宗旨，将“岗位学雷锋”和“学雷锋志愿服务”相结合，既在本职岗位上做好党交给的各项工作任务，做好人民托付的各项工作内容，也在本职工作之外发挥爱心和热情，做好关心帮助群众的服务，为社会文明进步做出贡献。

二是加强青年乐于助人热心公益的创新性。党的十八大以来，习近平总书记高度重视传承弘扬雷锋精神，对青少年学习践行雷锋精神提出一系列重要要求，指出“要从娃娃抓起，让雷锋精神在全社会蔚然成风，世世代代弘扬下去”，并对深入开展学雷锋活动作出重要指示，强调要深刻把握雷锋精神的时代内涵，让学雷锋在人民群众特别是青少年中蔚然成风，让雷锋精神在新时代绽放更加璀璨的光芒。进入新时代，青年志愿者激发创新活力，既弘扬党的优良传统，也发挥青年的时尚特色，在志愿服务中更有担当与作为。比如，西安交通大学青年志愿者在实践中不断丰富乐于助人热心公益活动的内容，从研究生支教团为边疆和山区孩子带去智慧的启迪、希望的种子，到青年学子实践志愿调查队深入农村访民情、问民生，撰写调研对策报告提供给党政部门决策参考，都洋溢着新生代的创新特色与活力。未来，要继续发挥青年志愿者乐于助人热心公益的积极性，使他们乐于助人热心公

①《雷锋日记选》，人民出版社1973年版，第44页。

益的痕迹从社区到乡村到基层，从关爱留守流动儿童志愿服务到关爱阳光助残志愿服务，从社区治理创新服务到乡村振兴发展服务，从应急救援安置服务到生态环保建设服务，等等。同时，也让广大青年在乐于助人热心公益中获得锻炼与成长。

三是加强老年人乐于助人热心公益的便捷性。近年来，我国越来越多地区进入老龄化社会，部分地区进入重度老龄化社会，在党和国家的重视下，开展了关爱和帮助老年人的各项志愿服务，与此同时，也掀起了老年人参与志愿服务的热潮。据报道，中国科协面向600多万老科技工作者，发起开展志愿服务的号召，鼓励退休老科学家、农科人员、技术人员等科技人才深入乡村社区，面向城乡群众传播新知识新技术，面向少年儿童激励其热爱科学、热爱创新的精神。教育部也通过了“银龄计划”，鼓励退休老教师深入山区农村开展支教志愿服务，为偏远山区的孩子们带来知识、启迪智慧。未来，要进一步探索老年乐于助人热心公益的便捷性，让更多的退休干部职工、社区老人、乡村老人可以便捷地参与志愿服务，既为社会和他人作出贡献，也增添了晚年生活的价值与乐趣。

四是加强妇女乐于助人热心公益的普遍性。妇女是城乡公益活动的重要力量，尤其是在乡村社区新时代文明实践志愿服务中发挥着非常重要的作用。妇女拥有天然的优势：她们特别有爱心，以母爱和慈祥关心帮助他人，给社会带来温暖；她们特别细心，善于发现社会需求、服务对象需要，提供细致周到的服务；她们特别有耐心，能够长期坚持做好服务，长年累月关爱帮助对象，解决困难与问题。当前，妇女组织开展的公益活动成效明显。比如，广东省惠州市博罗县热心妇女吴炳菊等创办的博仁爱心协会，从家风家教的宣讲宣传志愿服务做起，延伸到邻里纠纷调解的志愿服务、乡村文明倡导的志愿服务、红色文化传播的志愿服务，等等，领域越来越广，影响越来越大。未来，要进一步激发城乡妇女开展公益活动的积极性，打通更多城乡妇女参与公益活动的便捷渠道，让广大妇女有参与、有贡献、有成就。

五是加强亲子公益活动的吸引性。中国自古以来就是重视家庭亲情、家庭纽带的国家，家庭成为维系社会非常重要的细胞。家庭乐于助人热心公益活动或者亲子乐于助人热心公益活动是中国志愿服务发展的新趋势，父母和子女共同参与公益活动，共同为社会文明和他人幸福作出贡献，不仅能促进亲子关系和家庭和睦，有利于家庭成员培养责任感、形成健康人格，同时也有利于社会的团结和凝聚，共同建设和谐家园、美好家园。据了解，北京市多年来推动“家庭志愿服务”的发展，以“大手牵小手”“小手拉大手”等多种方式让家长和孩子一起参与志愿服务。未来，要积极研究中国特色亲子公益活动的发展，建立更好的机制，创造更多的机遇。

六是加强专业组织乐于助人热心公益的引领性。新时代，人民群众对美好生活的向往，既是党的奋斗目标，也是志愿组织的服务目标。发展专业志愿服务组织，使专门的人才做专门的事情，同时引进先进的志愿服务理念和做法，能够不断提高我国志愿服务的水平。一方面，要吸引更多专业人士加入公益活动的专业组织、参与志愿服务，鼓励教师、医生、律师、会计师、园艺师、技术工人等具有专业技术与技能的人才在各项公益志愿活动中发挥积极作用，提高公益活动的水平和实效。另一方面，要鼓励专业类型志愿组织的发展，让更多针对城乡群众不同需求、提供不同类型专业服务的组织发挥作用。

（二）把雷锋乐于助人热心公益的奉献精神转化为生活中处事的行为准则

习近平总书记指出：“实现中华民族伟大复兴，需要更多时代楷模。我们既要学习雷锋的精神，也要学习雷锋的做法，把崇高理想信念和道德品质追求转化为具体行动，体现在平凡的工作生活中，作出自己应有的贡献，把雷锋精神代代传承下去。”[①]弘扬雷锋精神，尤其需要与人们的日常生活紧密联系起来，在落细、落小、落实上下功夫，从身边小事做起，从细节做起，从个人做起。

---

①《习近平关于社会主义精神文明建设论述摘编》，中央文献出版社2023年版，第152页。

首先，在建功立业中做一个甘于奉献的排头兵。在几千年的中华文化发展史中，舍己为人、鞠躬尽瘁等一直为世人所尊崇，成为中华民族传统美德的重要组成部分。在中华民族的文明史上，处处可见燃烧自己点亮他人的楷模故事，总能看到无数精忠报国、毁家纾难、舍生忘死的感人事迹。雷锋尊老爱幼、关心他人、助人为乐、无私奉献。在我国亿万人民心中，雷锋已经成为热心公益、见义勇为的代名词。新时代，随着经济社会发展，我国公民思想道德素质和社会文明程度明显提升，但践行社会主义核心价值观的任务依然重大。新时代学雷锋，就是要学习雷锋"一心向着党，向着社会主义，向着共产主义"的坚定原则立场，不断锤炼党性，始终保持共产党人的政治本色，彰显共产党人的人格力量，真正做到心中有信仰、脚下有力量，把个人的奋斗融入党和人民的事业之中，做一个甘于奉献的排头兵，通过自己的辛勤劳动与不懈努力，把幸福与美好献给社会。

其次，在本职岗位上做一颗永不生锈的螺丝钉。习近平总书记指出："我们要见贤思齐，把雷锋精神代代传承下去。"[①]学习雷锋精神，就要把崇高的理想信念和道德品质追求融入日常的工作生活，在自己的岗位上做一颗永不生锈的螺丝钉。爱岗是职责，敬业是本分。新时代，弘扬奉献精神，就是要在统筹推进"五位一体"总体布局、协调推进"四个全面"战略布局，贯彻落实新发展理念，坚决打好"三大攻坚战"，全面做好稳增长、促改革、调结构、惠民生、防风险、保稳定工作中找准自己的定位，把不折不扣贯彻落实党中央的决策部署落实到岗位上、落实到行动上，扎根工作、履职尽责，帮群众解难题、为群众增福祉。

再次，在生活中做乐于助人的好心人。习近平总书记指出："雷锋精神，人人可学；奉献爱心，处处可为。积小善为大善，善莫大焉。当有人需要帮助时，大家搭把手、出份力，社会将变得更加美好。"[②]雷锋一生都在做好事，学习

---

①彭怀祖、吴东照：《重读〈雷锋日记〉——以先进典型研究为视角》，人民出版社2021年版，第96页。

②《习近平书信选集（第一卷）》，中央文献出版社2022年版，第31页。

雷锋,不是学他哪一两件先进事迹,也不只是学他某一方面的优点,而是要学习他长期一贯地做好事。雷锋乐于助人、热诚关爱他人的品质体现在具体的生活中。他在日记中写道:“今天是星期日,我没有外出,给班里的同志洗了五床褥单,帮战友补了一床被子,协助炊事班洗了六百多斤白菜,打扫了室内外卫生,还做了些零碎事……总的来说,今天我尽到了一个勤务员应尽的义务,虽然累了一点,也感到很快活。”[①]他表示:“今后还应该多做一些日常的、细小的、平凡的工作,少说漂亮话。”[②]要学习雷锋这种乐于助人的精神,把全心全意为人民服务作为自己的人生信条和准则,躬身实践,从小事做起、从自身做起、从当前做起,不计较个人得失,急别人之所急、想他人之所想,在工作生活中多做扶贫济困、扶弱助残的实事好事,争做奉献社会的模范。

(三)用乐于助人热心公益的实际行动做好新时代学雷锋的基本课题

新时代是奉献者的时代,也是奋斗者的时代。这个时代呼唤伟大的精神,需要榜样的引领。谁把人民扛在肩上,人民就把谁装进心里。习近平总书记指出:“我将无我,不负人民。我愿意做到一个‘无我’的状态,为中国的发展奉献自己。”[③]“我的工作是为人民服务,很累,但很愉快。”[④]这朴实的话语真切表达了一个大国领袖始终把人民对美好生活的向往作为奋斗目标,带领全党全国各族人民不懈奋斗,毫无保留地把自己奉献给他所热爱的国家和人民的决心。

首先,要敢扛事、愿做事、能干事,注重实干实绩实效。欲立潮头,须和衷共济;欲求其效,须担当作为。领导干部能否为了党和人民的事业勇挑最重的担子、敢啃最硬的骨头、善接最烫的山芋,积极作为,苦干实干,最能看出其是否具有奉献精神。遇事推诿扯皮、碰到困难绕道走,以会议落实会

①《雷锋日记选》,人民出版社1973年版,第56页。
②《雷锋日记选》,人民出版社1973年版,第56页。
③《时代之问:出卷·答卷·阅卷》,人民出版社2022年版,第95页。
④《时代之问:出卷·答卷·阅卷》,人民出版社2022年版,第95页。

议、以文件落实文件,“干打雷不下雨”“只有唱功没有做功”,这些都是假担当,是形式主义、官僚主义的表现,与雷锋精神所蕴含的奉献精神、所要求的以人民为中心等格格不入。习近平总书记曾多次举战国赵括“纸上谈兵”、两晋学士“虚谈废务”的例子,警示领导干部要把为人民服务落到实处。新时代,继承和发扬雷锋精神,全心全意为人民服务,不计得失、甘于奉献,就是要以实干为荣、用实绩说话,坚持“实”字当头、“干”字为先,踏踏实实地干、锲而不舍地干、兢兢业业地干、高效高质地干,在实干中解决问题、在实干中实现目标、在实干中创造实绩。

其次,要爱国家、爱人民、讲奉献,涵养大爱的胸怀。雷锋为抢险救灾奋不顾身,连续奋战几个昼夜;发生灾情,他会把自己省吃俭用攒下的钱捐出去;战友没带饭,他宁愿自己饿肚子也要让战友吃饱。雷锋一生积小善为大善,彰显出一种把小我融入大我的大爱胸怀。“我要把我最可爱的青春献给祖国,献给人类最壮丽的事业。”从雷锋身上不难看到,爱国之情是他的朴素情感,强国之志是他的理想抱负,报国之行是他的坚定选择。六十年来,从头部中弹依旧坚守战位的麦贤得,到“为了祖国不惜血染战旗”的王建川,再到“清澈的爱,只为中国”的陈祥榕……无数英雄模范对脚下土地爱得热烈,对祖国爱得深沉,“虽九死其犹未悔”,谱写出一曲曲感人肺腑的爱国之歌。新时代,不管是革命军人还是普通群众,都要把热爱祖国当作立身之根、奋斗之本,“利于国者爱之,害于国者恶之”。无论何时何地,只要人民群众有需要,雷锋总是积极主动、竭尽所能地伸手相助,他胸膛里深厚的人民情怀,彰显出中国共产党人的宗旨和本色。雷锋曾坚定地表示:革命需要我去烧木炭,我就去做张思德;革命需要我去堵枪眼,我就去做黄继光。雷锋在其短暂的一生中,始终坚持“自己活着,就是为了使别人过得更美好”。实践反复证明,只有那些胸怀大爱、激情奉献的人,才会在人生路上留下充实、温暖且无悔的回忆。要积极发挥雷锋精神的引领作用,从小事做起、从自身做起、从当前做起,使广大群众在实践中学习做人、学习做事、学会感恩、学会助人、学会自省、学会自律,成为有大爱大德大情怀的时代新人。

第六章　做爱岗敬业追求卓越的示范引领者

爱岗敬业追求卓越是雷锋精神的重要组成部分。2013年3月6日，习近平总书记在参加十二届全国人大一次会议辽宁代表团审议时指出："我们既要学习雷锋的精神，也要学习雷锋的做法，把崇高理想信念和道德品质追求转化为具体行动，体现在平凡的工作生活中，作出自己应有的贡献，把雷锋精神代代传承下去。"2018年5月，习近平总书记在两院院士大会上寄语广大科技工作者："攻坚克难、追求卓越、赢得胜利，积极抢占科技竞争和未来发展制高点。"在推进中国式现代化进程中，学习雷锋精神不仅需要助人为乐的长劲韧劲，更需要爱岗敬业的干劲实劲。无论在什么岗位，都敬业实干、勤业苦干、精业巧干，永做一块哪里需要哪里搬的砖，立志把平凡的事做得不平凡、把普通的事做得不普通，干一行爱一行、专一行精一行。一块砖的作用很小，但无数块砖严丝合缝地垒在一起，就能盖起高楼大厦。只要每个人都忠于职守、兢兢业业、精益求精，就能凝聚起建设中国式现代化的磅礴伟力。

一、建设中国式现代化需要建设者爱岗敬业追求卓越

党的十八大提出"五位一体"总体布局，全面推进经济建设、政治建设、文化建设、社会建设、生态文明建设。实现社会主义现代化和中华民族伟大复兴，需要每一位社会主义建设者立足本职岗位追求卓越，汇聚雄伟力量。

（一）爱岗敬业精神永不过时

国际大环境呼唤敬业精神价值回归。随着全球化的深入发展，国际经

济和贸易形势发生了很大变化,逆全球化和贸易保护主义趋势加强,给国际贸易和投资带来了很大的不确定性。西方的极端利己主义、消费主义思潮也随着全球化浪潮进入中国,信息社会海量信息“乱花渐欲迷人眼”,对人们的价值观形成了巨大冲击。在这种情况下,国家需要更加注重自主创新和技术进步,提高自身的竞争力和抗风险能力。落到个人身上,则需要我们克服自我中心主义,以高度的责任与担当应对突如其来的压力与挑战。近年来,全球安全局势动荡不安,各种突发事件和风险挑战不断涌现,国家和社会需要更加注重安全稳定和风险防范,积极应对全球安全挑战。这离不开每个人在各自岗位恪尽职守,通力合作,共同面对并化解危机。

国内大形势需要爱岗敬业的人挑起重担。敬业精神厚植于中华传统文化当中,大禹治水三过家门而不入、诸葛亮一生为国家为百姓殚精竭虑、张衡制造地动仪成为中国古代科学文明杰出代表、岳飞精忠报国等,这样的例子不胜枚举,无不蕴含着中华传统文化对敬业精神的价值追求。当下,中国正面临着经济结构调整、转型升级的关键时期,注重创新驱动和高质量发展,个人与国家命运紧密相连。市场经济的负面效应滋生了趋利意识,拜金主义的不良风气侵蚀着社会价值观。随着中国经济社会的发展,社会阶层分化和利益多元化也成为当下的突出问题。维护社会公平正义、关注弱势群体的权益诉求、促进社会和谐稳定,需要一大批有情怀、有理想、有执行力的个人,分散到社会的各个层面、各个岗位,积极解决问题。

从业者遵守职业道德需要爱岗敬业。当一个人热爱自己的工作时,他就会更愿意投入时间和精力去学习,提高自己的技能水平。雷锋无论身处哪个岗位,都对工作抱有高度负责和认真的态度。爱岗敬业衍生出来的奉献精神和利他性,能够让整个社会变得更好。雷锋的日记里不仅记录着日常生活,也有他个人学习的笔记和工作计划。雷锋曾经写下这样的工作计划:“保证克服一切困难,勤学苦练,早日学会技术;保证破除迷信,大闹技术革命;保证维护好机械,做到勤检查,勤注油;保证全年生产安全,不出机械和人身事故;保证以冲天的革命干劲,以百战百胜的精神,苦干、实干、巧干,超额完成生产任务；保证百分之百地参加学习和各种会议，以求得政治、文化、技术各方面的提高；保证做好社会宣传工作，敢想、敢说、敢干，发挥一个共情团员应有的热能。"日记当中足以窥见雷锋对工作上心。对于从业者而言，爱岗敬业应该是一种自觉的行为，这种自觉不仅来源于个人的思想觉悟，也来源于社会助推。如果单位和企业始终将社会效益放在经济效益前面，那么也将带动个人爱岗敬业。爱岗敬业并非单方面发力，也需要制度保障。

（二）追求卓越具有鲜明时代价值

当前，我国已经迈入现代化建设新征程，需要全国人民共同努力积极投身到伟大的社会主义事业，各行各业都需要雷锋。

实现自我价值需要在本职工作中追求卓越。要实现自我价值，需要从多个方面入手，雷锋精神所代表的正确的价值观和人生观，能够帮助人们明确自己的目标和追求。一个人的目标能够反映一个人的价值观，而国家、社会的目标能反映社会的主流价值观。当人们的日常行为和决策与这些价值观保持一致时，人们会在日常生活或者工作中更有目标感。行为经济学家丹·阿里里(DanAriely)的研究表明，比起现金红利，人们真正渴望的是内在动力，如欣赏和取得进步。所谓目标感，是指做事做决策的人以达成目标为导向的思维意识，以及在遇到困难困境时，仍坚持冲刺目标的毅力和拼劲，是在意识上知道自己真正想要的是什么，并在行动上心无旁骛、朝它靠拢。目标感不等同于目的性，更不代表功利。有了明确的目标，人们会更加专注于学习和成长，不断提高自己的能力和素质。扎实的专业知识和技能是实践雷锋精神、实现自我价值的基础，也是实现目标的保障。

践行社会主义核心价值观需要在本职工作中追求卓越。敬业是职业道德的灵魂，为个人安身立命奠定基础，为社会发展进步注入活力。正是依靠敬业奉献，中华民族创造了灿烂的文明。社会主义核心价值观倡导的敬业，就是要增强事业心和责任感，追求崇高的职业理想，激发积极进取的奋斗热情，秉持认真负责的职业态度，锻造严谨细致的工作作风；就是要让敬业成为实现梦想的动力之源，以那么一股子干劲、拼劲、闯劲，续写中国奇迹，靠辛勤劳动、诚实劳动、创造性劳动，开创美好未来。雷锋精神的实质和核心是全心全意为人民服务，为了人民的事业无私奉献。这与我们党的宗旨和社会主义核心价值观是一致的。当个人的价值取向与社会主流的价值取向相统一的时候，会形成合力，相互作用。通过为人民服务，社会中的个人可以实现自己的价值，并获得内心的满足和成就感。

建设中国式现代化需要在本职工作中追求卓越。具备无私奉献的优秀品质，才会在为人民服务的过程中不计较个人得失，真正做到全心全意为人民服务；具备艰苦奋斗和自强不息的品质，才能在面对困难和挑战时不屈不挠，不断追求自我完善和发展。通过践行雷锋精神实现自我价值，需要将雷锋精神的优秀品质融入自己的生活和工作中，不断提高自己的能力和素质，关注社会发展和人民利益，勇于面对困难和挑战，不断追求自我完善和发展，实现自我价值，为社会做出更大的贡献。建设中国式现代化充满挑战，是一条并不容易的道路，需要我们每个人有明确的目标、坚定的决心以及持之以恒的努力。学习雷锋追求卓越和无私奉献的精神，可以激励我们在生活和工作中不断进步，成为立足本职岗位追求卓越的示范引领者。

（三）全社会弘扬爱岗敬业追求卓越精神意义重大

价值观的塑造并非一朝一夕能够完成，需要个人与社会共同努力。建立追求卓越的社会主流价值观，需要长年累月的积累。弘扬工匠精神，树选工匠人物，在全社会通过新闻报道、电视节目、网络传播等方式进行传递，可以形成良好的社会风气。在巴甫洛夫（Pavlov）和桑代克（Thorndike）等先后提出强化概念后，美国著名心理学家斯金纳（Skinner）系统提出了强化理论。根据强化物的性质，可以分为积极强化和消极强化，积极强化能够有效增强行为（反应）发生的概率。公共人物和意见领袖在社会主流价值观的塑造和传承中发挥着重要作用，他们具有广泛的社会影响力和号召力，可以通过宣传工匠人物的事迹来倡导爱岗敬业追求卓越的社会主流价值观。通过对正面价值观的积极强化和对负面价值观的消极强化，塑造积极正向的社会主流价值观。

二、爱岗敬业是雷锋精神的鲜明表达

雷锋在他短暂的一生中经历了很多岗位，不管是在团山湖当农民，还是在望城县委当通讯员，抑或在鞍钢当工人、在部队当战士，雷锋始终做到干一行爱一行、专一行精一行。在他看来，不论在哪个岗位、做什么工作，都是社会主义建设机器上的一颗“螺丝钉”。雷锋从榜样那里获得了爱岗敬业的力量，又把自己塑造成为全社会爱岗敬业的榜样。

（一）爱岗敬业是雷锋一生的践履

1956年，16岁的雷锋高小毕业之后回到农业社生产队务农，被选为柳塘湾生产队的记工员[①]，开始了自己的工作生涯。后来，经望城县委宣传部干事黄菊芳推荐，于11月份成为望城县委书记张兴玉的通讯员兼警卫员。雷锋对岗位的热爱和敬业精神成为所有人对他的印象。

在岗位上尽忠职守，在生活中关心同事。县委机关工作人员忙起来顾不上打开水，雷锋主动承担了打开水的活计，一一送到大家的办公室；单位同事结婚，雷锋不仅积极帮忙，还专程跑到一里外的机关大院借用煤气灯，用来给新人照亮。下雪天，机关前坪被积雪覆盖，雷锋天没亮就来机关铲雪……雷锋做的都是生活中最平凡的小事，难能可贵的是他一直兢兢业业地坚持，始终保持着高度的热忱，他对职业的敬重和对社会高度的责任感体现在他生活的方方面面。雷锋虽然是一名普通的士兵，但他在平凡的岗位上，用奉献和爱心诠释了个人价值的最大化。

雷锋在他短暂的人生当中，一直都是单位上的先进个人。他学开拖拉

①余旭阳，邹文：《雷锋年谱1940-1962》，湖南人民出版社2022年版，第43页。

机的时候,15条驾驶规则倒背如流,不仅如此,他还摸索出“标杆插泥”的方法,避免拖拉机陷入沼泽地带,加快垦荒速度,提高效率,提高工作成效;身为汽车兵,他1个月便高标准完成了3个月的训练任务,成为一名合格的驾驶员;针对当时连队缺少教练车的现状,他主动带领战友设计出汽车驾驶台,有效提升了连队训练水平;执行运输任务时,他自制了一张密密麻麻画有30多处标注的行车路线图,保证了行车安全,还把全连有名的耗油车改造成了节油标兵车……类似的例子不胜枚举。

回溯雷锋的一生,虽然时间不长,但他做过很多有意义的事。每到新岗位,他也有不熟悉、不了解的阶段,但他总是能够主动学习、主动请教,迅速上手。遇到问题的时候,他的态度十分积极,能够耐着性子解决问题。同时,他善于自省,著名的“雷锋七问”就出自他的日记。他写道:“在生活的仓库里,我们不应该只是无穷尽的支取者。”

仔细翻看雷锋的成长经历就会发现,雷锋之所以成长为我们现在所熟知的雷锋,并且留下了雷锋精神这样宝贵的精神财富,离不开与雷锋同时代的一群同样爱岗敬业的前辈们的引领与教导。比如,当时的全国青年社会主义建设积极分子冯健,她的事迹对雷锋的影响极大。1958年,14岁的雷锋在学习《新湖南报》刊登的青年团湖南省委写给冯健的表扬信后,就和同学们展开讨论,并发言道:“祖国需要就是我的志愿,我要向冯健姐姐学习,到农业战线去锻炼。”命运的齿轮开始转动,两年后,已经参加工作,身为张兴玉的通讯员和警卫员的雷锋在张兴玉家中见到了冯健,此后两人经常在一起学习、谈心。

榜样的力量给雷锋带来了很大的触动,赵阳城等干部的言传身教,也对雷锋产生了很大的影响。1960年11月5日,雷锋在沈阳师范学院的报告中回忆:1957年11月,雷锋不小心掉入河里,同行的赵阳城时任望城县委副书记,他跳入河中将雷锋救起,背着他去了医院,还抽空前来看望他……

人是一种社会性的动物,人的思维、情感和行为都受到社会环境的影响。人们在解释和归因他人行为的过程中构建了社会现实,这种社会现实反过来又影响了个体的行为和反应。雷锋精神在任何一个时期,都不仅仅代表雷锋个人,雷锋只是雷锋精神的杰出代表,雷锋的日常工作和生活态度只是那个时代的缩影,雷锋精神的背后,站着千千万万个爱岗敬业的“雷锋”。

(二)雷锋爱岗敬业精神的形成:学习榜样,成为榜样

有一件事情对雷锋的影响很大。有一次,雷锋与县委书记张兴玉走在路上,雷锋被脚下一枚生锈的螺丝钉绊了一下,于是雷锋一脚把螺丝钉踢到了路边草丛里,而张兴玉却一声不响地将螺丝钉捡起来,放进了口袋里。之后,张兴玉让雷锋去县机械厂办事,交代他将螺丝钉带去,交给县机械厂,并借此告诉雷锋物尽其用、勤俭节约:这虽是一颗小小的螺丝钉,但机器上少了它却不行,在国家大事上,个人就像这螺丝钉一样,缺了谁都不行,每个人都要自觉发挥螺丝钉作用。

后来,雷锋在日记里摘抄了一段关于螺丝钉的话,他把自己看作一颗为社会服务的“螺丝钉”,无私奉献、任劳任怨。他不仅在自己的岗位上尽职尽责,而且还以自己的行动影响和带动身边的人。雷锋以自己的行动,树立了一个以无私奉献、助人为乐、爱岗敬业为特征的榜样,影响至今。

雷锋不仅有“螺丝钉”精神,还有“钉子”精神。1961年10月19日,雷锋在日记里写道:“一块好好的木板,上面一个眼也没有,但钉子为什么能钉进去呢?这就是靠压力硬挤进去的,硬钻进去的。由此看来,钉子有两个长处:一个是挤劲,一个是钻劲。我们在学习上,也要提倡这种‘钉子’精神,善于挤和善于钻。”

对于工作也是一个道理,每个人的工作都会有新的内容,新的挑战,“螺丝钉”精神是一种恪尽职守负责任的态度,而“钉子”精神是一种面对困难艰苦钻研的精神,二者相辅相成,互为因果。

爱岗敬业的精神,在雷锋身上不仅表现为全身心地投入工作,还表现为想方设法提高工作效率和质量。雷锋积极探索创新,总结出许多有益的经验,提出很多改进措施,使得工作更加高效、精准,真正做到干一行爱一行、

专一行精一行。

（三）追求卓越是雷锋一生的追求

纵观雷锋的一生，他从不自满，持续追求更高的目标，在工作中展现出一种令人震撼的执着和毅力。他时时刻刻保持学习的状态，不断提高自己的知识和技能，通过不断学习，提高自己的专业水平，并将所学知识应用到工作中，力求做到最好。

追求卓越不是“内卷”下的被动追求。19岁那年，雷锋去鞍钢工作，入厂不到4个月，就提前完成了原来签订1年的师徒合同项目。这种超前、超额完成任务的情况，在雷锋一生的履历中比比皆是，雷锋总是能够想出很多办法提高工作效率，或者解决工作中的问题。“内卷”是影响人们追求卓越的毒瘤之一。“内卷”是网络流行语，原指一类文化模式达到了某种最终的形态以后，既没有办法稳定下来，也没有办法转变为新的形态，而只能不断地在内部变得更加复杂的现象。现指同行间竞相付出更多努力以争夺有限资源，从而导致个体“收益努力比”下降的现象。这种没有发展的增长与追求卓越的目标和诉求是相悖的。同时，“内卷”现象违背了对于共产主义理想的追求。从集体与个体相统一的维度看，共产主义既是无产阶级解放的集体行动和真正共同体的实现，也是人的个性解放、个体自由全面发展的现实过程和实现形态。马克思认为，对共产主义的理解，既不能固守于抽象个体的人，也不能固守于抽象的集体，而是要致力于从真正共同体的实现与个体自由发展的统一中去把握。一方面，马克思强调共产主义是世界历史进程中无产者和共产党人共同的解放事业，是各文明国家的联合的行动，意味着真正的共同体的生成和实现；另一方面，也强调共产主义是“通过人并且为了人而对人的本质的真正占有”，是“人向自身，也就是向社会的即合乎人性的人的复归”，意味着现实的人的个性自由和人身解放。在马克思看来，个体的自由解放和集体的自由解放是互为中介和条件的，“在真正的共同体的条件下，各个人在自己的联合中并通过这种联合获得自己的自由”，“这样一个联合体,在那里,每个人的自由发展是一切人的自由发展的条件"。因此,共产主义是对个人自由解放和集体自由解放的同时肯定,共产主义决不单方面强调集体至上而压抑伤害个体自由;相反,共产主义主张,人要超越对"人的依赖",也要超越对"物的依赖",真正上升为社会历史的主人。

追求卓越是主动超越,超越过去,超越自我。"内卷"对于个性自由的扼杀和人身的束缚,让社会发展失去活力;与"内卷"相对应的"躺平"亦不可取。"躺平"一般是"内卷"的下一个阶段,当"内卷"卷不动之后,许多人就会选择"躺平"。"躺平"看似是妥协、放弃,但其实是"向下突破天花板",选择最无所作为的方式反叛裹挟。年轻人选择"躺平",就是选择走向边缘,超脱于加班、升职、挣钱、买房的主流路径之外,用自己的方式消解外在环境对个体的规训。追求卓越则是超脱于"内卷"与"躺平"之外的一种积极状态,也是介于"内卷"和"躺平"之间的"第三条道路"。追求卓越更加强调求索、奋进、创新的态度,而非稀释努力带来的效益,更非停止创造效益。追求卓越,其目的并非追求外部环境中的肯定和世俗意义上的成功,而是一种向内的精神追求。

追求卓越为正向的飞轮效应积蓄力量,以此实现事业上的飞跃。雷锋在工作中不断追求卓越,他从不满足于平庸,总是追求更好的结果。他坚持不懈地努力,不轻言放弃,直到达到预期目标。雷锋不仅在工作上追求卓越,在生活中也保持进取。在养成写日记的习惯之后,雷锋时不时进行文学创作,写诗、写小说、写散文、写读书笔记,雷锋在《望城报》上发表《我学会开拖拉机了》,此后一直笔耕不辍。闲暇时间不忘为自己充电,是雷锋追求卓越的方法。他懂得及时反思和总结自己的工作表现,寻找提升的机会。他认真分析自己的成绩和不足,并且不断改进自我,以不断提高自己的工作质量和效率。

雷锋在爱岗敬业和追求卓越方面有着出色的表现。雷锋不仅对分内的工作充满热情,全心全意地投入其中;他对义务劳动,同样十分上心。无论是在部队服役还是在社区服务中,他总是全力以赴。义务劳动是雷锋生活中的日常,哪里需要人手,哪里就有雷锋。雷锋明白自己的工作对于集体和社会的重要性,并且始终以积极的态度对待工作。他始终保持职业道德,时刻牢记自己的职责和使命。他将自己的时间和精力投入到工作中,主动承担困难和艰巨的任务,不计较个人得失,始终关注集体和他人的利益。毫无疑问,雷锋给社会带来了积极影响,这种积极影响不仅仅局限于雷锋那个年代,而是传承至今,感染了一代又一代年轻人,促使一代又一代年轻人奋发有为,积极进取。

(四) 卓越价值观的传递:从雷锋精神到个人或社会精神

雷锋在工作岗位上始终追求卓越,他的卓越价值观传递到全社会,从而在全社会形成追求卓越的浓厚氛围。雷锋卓越价值观的形成是多因素综合作用下的结果。个人或社会价值观的塑造与传承是一个复杂而又多维度的过程,受到多种因素的影响,如文化、教育、家庭、社会环境、个人经验等。雷锋的成长环境充满着苦难,也充满着人情味。雷锋成为孤儿后,有六叔奶奶一家人的照顾,也有父亲的好友中共地下党员彭德茂的关照;工作后,领导张兴玉、赵阳城也为雷锋提供了帮助和教导……雷锋精神的背后不仅仅有雷锋,更有无数拥有美好品质的人。当时的社会文化、当时的教育、雷锋自身的经历和体验,都给了雷锋正向的引导,从而形成了雷锋精神;而雷锋精神更是影响至今,经久不衰。多年以来,雷锋精神已经在无数雷锋的接班人中焕发出了新的生命力。

雷锋的实践表明追求卓越需要无私奉献。雷锋追求卓越和无私奉献的精神,不仅塑造了他的个人价值观,也深深地影响了社会。雷锋精神成为一种符号,一种象征,一种可以激发人们积极向上、服务社会的力量。雷锋精神的核心理念是奉献、友爱和互助,这些理念产生的正能量使人们更加关注他人和社会。传播雷锋精神的正能量,可以凝聚人心,增强社会的凝聚力,从而促进个人和社会的共同进步。雷锋精神所倡导的责任感、诚信和奉献精神等道德观念,可以帮助人们提高自身的道德素质。在个人层面上,人们可以以雷锋为榜样,通过自我提升和培养社会责任感,形成积极向上的价值观念。雷锋精神所强调的关爱他人、尊重差异和沟通协作等理念，可以帮助人们建立良好的人际关系，促进社会和谐。传播雷锋精神，可以推动社会的公正、公平和包容，让每个人都能感受到社会的温暖和关爱。

雷锋在本职岗位上追求卓越，形成了宝贵的工匠精神。在雷锋精神的影响下，涌现出了许多雷锋式的工匠人物，让追求卓越的精神得以传递。劳动者的素质对一个国家、一个民族的发展至关重要。无论是传统制造业还是新兴产业，无论是工业经济还是数字经济，工匠始终是产业发展的重要力量，工匠精神始终是创新创业的重要精神源泉。2020年11月24日，在全国劳动模范和先进工作者表彰大会上，习近平总书记高度概括了工匠精神的深刻内涵，即执着专注、精益求精、一丝不苟、追求卓越。工匠精神的杰出代表、“七一勋章”获得者、湖南华菱湘潭钢铁有限公司焊接顾问艾爱国，用自己的行动生动诠释了雷锋精神追求卓越的当代传承。从19岁参加工作，到现在70多岁的年纪，50多年来，艾爱国坚守基层岗位，攻克焊接技术难关400多个，改进工艺100多项，多次参与我国重大项目焊接技术攻关和特种钢材焊接性能试验，在全国培养焊接技术人才600多名。“要么不做，要么做到极致。”“身为党员，无论多大年龄，无论在哪里都要敢于当先锋。”艾爱国追求卓越的脚步从未停下，70多岁的他因工作需要学会了电脑制图，他的精气神也感染了一批人，在他的传帮带下，年轻一代拔节成长，成为新时代的中流砥柱。

三、做爱岗敬业追求卓越的示范引领者

雷锋爱岗敬业追求卓越的精神在今天依然熠熠生辉，仍然值得我们学习。新时代，经济社会发展提出新要求，要做新时代新雷锋，树立“在哪里工作就在哪里发光”的信念，把雷锋爱岗敬业追求卓越的精神转化为自觉、自愿的普遍行动，勤学苦练、比学赶超，知行合一、锐意创新，在学习中求真学问，在实践中练真本领，在急难险重任务中建真功，发出自己的光和热，不负时代、不负人民。

（一）立足本职岗位，积极进取，争创一流

积极进取是实现个体发展的必要品格，积极进取能够创造出更多的物质财富和精神财富。中国自古以来对积极进取推崇备至，商汤在浴盆刻上警句“苟日新，日日新，又日新”，以此激励自己自强不息，创新不已。新时代，我们每个人都应该立足本职岗位，积极进取，争创一流，这不仅是实现个人价值的基础，也是推动社会进步的重要途径。在鞍钢工作期间，雷锋多次被评为先进生产者、标兵和红旗手；在部队服务期间，雷锋又被评为优秀战士、节约标兵，荣获“模范共青团员”称号。类似这样的荣誉几乎伴随了雷锋一生，足以窥见雷锋的进取心和争创一流的行动力。

保持积极的工作态度。第一，认识到工作的重要性和意义，明确自己的职责和使命。只有树立了正确的职业观念，才能以认真负责的态度对待工作。雷锋对待工作从不敷衍，他将努力工作、积极进取视为对党和祖国的感恩与回报，他工作的目的是建设新中国。第二，积极进取是对职业道德的尊重。遵守职业道德有助于个人在职场中获得良好的声誉，并获得他人的尊重和信任。同时，积极进取的工作态度有助于提高绩效和产出，当人们投入更多的时间和精力来完成任务时，往往能够得到更高质量的工作成果。出色的绩效带来的成就感和满足感，可以增强个人自尊心，并对工作产生积极的态度。第三，在团队合作中，积极进取的态度同样至关重要。当每个人都对自己的工作负责，并且以协作的方式与同事合作时，整个团队的效率都将得到提升，可以有效提高团队的凝聚力、向心力，促进团队目标的达成。此外，积极进取的态度还可以帮助个人不断学习和成长，提高自己的技能和知识，以适应职场的变化。

注重科学的工作方法。第一，为工作设定清晰的目标和优先级。明确工作任务的目标，将其细分为可管理的子目标；根据任务的重要性和紧急程度设定优先级，以确保资源和时间的合理分配。从雷锋年谱中可以看出，雷锋的日常生活是十分忙碌的，他不仅要做自己分内的工作，还会超额完成许

多其他的工作，做很多义务劳动。雷锋曾在日记中写下工作计划，这些工作计划让他将短暂的生命变得宽广无边。第二，充分准备和专注投入是追求卓越的基础。在开始工作之前，应充分准备并获取所需的信息和资源。在工作过程中，要专注于工作，避免分散注意力，避免拖延和浪费时间。雷锋在业余时间学习充电，从他的读书笔记中就能看出来，他经常利用闲暇时间钻研业务，研究马列主义、毛泽东思想。第三，提供高质量的工作成果，完成既定目标甚至超额完成目标。在完成工作之后，还需要仔细检查和审查，确保无错误和质量问题。如果有必要，可以寻求他人的意见和建议，以改进和完善工作成果。因此，对时间的精准把控尤为重要，给工作留出检查、修改、完善的时间，高效工作，才能真正实现高质量的工作成果。第四，主动沟通和合作。与团队成员和其他相关人员保持良好的沟通，积极合作，及时分享进展和障碍，寻求帮助和支持，尊重他人的意见和贡献，并乐于与他人分享自己的知识和经验。开放式的工作氛围能够集群体智慧，在群体中达成共识，实现共赢，是追求卓越的必经之路。

与时俱进，不断学习。可以通过参加培训、阅读专业书籍、向同事请教、寻求新的挑战和项目等方式，不断提高自己的专业知识和技能水平，持续提升自身的竞争力，为职业发展做好准备。在互联网、数字经济、人工智能时代，尤其需要更新知识储备，适应新技术在工作中的运用，接受新事物，适应新环境。对待工作要有长期的视野，不仅要专注于眼前的任务，也要关注工作的长远影响和发展。在工作中要注重细节，做到细致入微、精益求精。要注重工作总结和反思，不断总结经验教训，为更好地完成工作任务打下基础。

（二）发挥专业特长，提升技能水平，成为行业骨干

立足本职岗位，充分发挥自己的专业特长，提升技能水平，成为行业骨干，不仅是实现个人价值的重要途径，也是推动行业发展的关键所在。深入挖掘和发展自己的专业特长，在自己的专业特长上进行深耕，进行精细化的

培养,这是个人能力的“纵深”发展。每个人都应该在自己的专业领域内不断学习和探索,发现自己的优势和特长,并通过不断实践和积累经验,提升自己的技能水平。同时,也要关注个人能力的“横向”发展,学习广博的知识和技能,才能勇立潮头。

培养独特的职业竞争力。拥有专业特长是打开职业发展大门的敲门砖,一些特定任务、项目或团队,需要有专业特长的人,专业特长的稀缺性,让个人之于团队更有价值,也能做出更大的贡献。拥有专业特长则更加熟悉和了解特定领域的工作流程和最佳实践,能更高效地完成工作任务,减少错误和重复工作。首先是培养跨领域合作能力。拥有专业特长则能更好地应对工作中的挑战,解决更多的实际问题和困难,从不同视角切入,提供创新解决方案,以此提高工作质量和效率;也可以在不同领域之间建立联系和桥梁,帮助不同部门或团队之间沟通和合作,从而促进整个组织的发展。拥有专业特长则能在团队中得到更多认可和信任,为去往更高、更大的平台提供助力,以创造更多价值,影响更多的人。其次是打造个人品牌。在自媒体崛起的当下,个人品牌的影响可以无限放大,一个人追求卓越将带动更多的人追求卓越,一个人积极的价值观将影响更多人的价值观。当有更多的机会与其他岗位领域的专家进行交流和合作时,也会带来更多成果,造福社会。再次是激发工作兴趣和满足感。专业特长通常与兴趣爱好和天赋相关联。通过挖掘和发展专业特长,将自己的工作与个人喜好结合起来,能够使人更加享受工作过程,并获得更多的满足感和成就感,这样的正向循环和正面感受的积极反馈将让人有更多的动力追求卓越。最后是要适应行业和市场变化。随着科技和市场的不断发展,各个行业的需求也在不断变化,发展专业特长能让人对新的机会和领域保持敏锐的洞察力。挖掘和发展专业特长,才能应对外部风险变化,才能克服困难与挑战。与时俱进、不断学习是追求卓越的应有之义;更好地适应变化、保持竞争力,是示范引领者的基本素质。

科学规划实践路径。发挥专业特长,提升技能水平,进而成为行业骨干,需要具体的实践路径。首先,要对自己有全面而细致的了解,认识自己才能发挥出最大的优势和特长。了解自己的兴趣,明确自己希望在哪个特定领域发展专业特长,综合考虑自己的技能、知识和经验以及岗位需求,找到自己在工作中最感到自信和满足的方面,才能定向发力。从雷锋的人生经历中可以看出,雷锋对自己的兴趣有着清晰的认知,学习拖拉机、去鞍钢工作、积极入团入党、参军等,雷锋从不迷茫,去祖国最需要的地方,感党恩,跟党走,就是雷锋所有选择的前提和大方向。要找准自己的方向,找到自己的热爱,让这种热爱为工作产生源源不断的动力。其次,明确专业发展目标,并将其划分为短期目标和长期目标,规划和组织自己的学习和发展计划。个人的职业规划也直接影响着整个组织单位的发展。再次,立足本职工作,刻苦学习专业知识。"活到老,学到老",投入时间和精力学习相关领域的知识和技能是必不可少的一环。学习的渠道很多,互联网上的资源也很多,只要肯学、好学,就没有找不到的学习资源。寻找一个有经验的导师或教练进行指导是一种十分高效的方式。除此之外,通过阅读书籍、参加培训课程、参与在线学习、参加行业会议等方式获取新的知识也是非常不错的选择。将学到的知识和技能应用到实际工作中去,是最快的学习方式,也是学习的目的。追求卓越,成为行业骨干,离不开实践的积累。最后,要与同事、导师和行业内的其他专家保持良好的沟通和交流。分享想法、经验和学习成果,并从其他人那里获得反馈和建议,才能实现卓越。

(三)争当先进,产生示范,引领个人或社会共同进步

新时代,我们要积极做示范引领者,引领个人或社会共同进步,这是新时代弘扬雷锋精神的应有之义。为他人树立榜样和标杆,通过自身的行动来引领他人共同进步和发展,注重自身的修养和素质的提高,以良好的品德和人格魅力感染和带动身边的人,应当是每个新时代雷锋接班人的追求。

用苦干做示范。中国以占世界7%的耕地养活了占世界22%的人口,忍饥挨饿、缺吃少穿等民生困扰一去不复返。新中国成立70多年取得的辉煌成就,不是天上掉下来的,也不是别人恩赐施舍的,而是亿万中国人民凭

借一股韧劲一点一滴干出来的。一代又一代中国人立足本职岗位,追求卓越,依靠执着的敬业精神完成了“上九天揽月、下五洋捉鳖”的伟大梦想。实验室里攻坚克难、生产车间分秒必争、田间地头耕耘播种、建筑工地挥洒汗水、七尺讲台传道授业、医院病房救死扶伤、办公室里奋笔疾书……人民创造历史,劳动开创未来。每个人都是民族复兴伟大征程中的螺丝钉,每个人都将为推动国家发展进步贡献自己的智慧与力量。

用实干做示范。习近平总书记多次强调,党员干部要坚持“实”字当头,“干”字为先。新时代,党员干部重任在肩、使命如磐,要精通业务、主动干事、追求完美,在新时代新征程上留下无悔的奋斗足迹。党员干部要懂政策、精业务,吃透上情、摸清下情,提升专业能力,不折不扣推动各项政策落地生根、利民惠民。广大党员干部要发扬“安专迷”精神,干一行、爱一行、钻一行、精一行,以学促干,以干促学,不断提高业务能力和工作水平。

用巧干做示范。重精巧、求卓越。增强“良工不示人以朴”的精品意识,高标定位、追求卓越,多与思想较真、多与工作较劲、多与困难叫板。古人云:“取法于上,仅得为中,取法于中,故为其下。”凡事应精益求精,力求完善,不应退而求次。正所谓“得其大者兼其小”。坚持高标准,底线才会越来越牢固,底气才会越来越充足。与此同时,应激励他人跟随自己的脚步,总结并展示自己的成功经验和行为模式,激发他人的兴趣和动力,促使他人更加积极地投入到个人或社会的进步当中。通过展示积极向上的态度和行为,影响他人,帮助他人保持乐观和自信;通过不断探索和尝试,提出新的思路和方法,与他人分享自己的经验和知识,促进他人创新和进步;通过为社会做出贡献,帮助解决社会问题,推动社会的发展和进步;积极参与社会公益活动,不断学习和自我提升,与他人建立良好的信任和合作关系,从而更好地发挥自己的示范引领作用。

用精神做示范。苦干、实干、巧干,都需要雷锋精神做支撑,要坚定学习雷锋爱岗敬业、追求卓越的精神,成为劳动模范,用先进事迹去影响周边人,影响全社会。当今中国,既面临世界百年未有之大变局,又处在由大向强的关键阶段,成长的烦恼、转型的阵痛……迫使我们必须增强忧患意识,保持战略定力,把握大局大势,把握前进方向。今日之中国,从奋斗中走来;未来之中国,在奋斗中开创。每个人都是新时代奋斗的主角,都有一份责任,将"小我"融入"大我",就能积聚千里奔涌、万壑归流的洪荒伟力。

正如毛泽东所言:"学雷锋不是学他哪一两件先进事迹,也不只是学他的某一方面的优点,而是要学他的好思想、好作风、好品德;学习他长期一贯地做好事,而不做坏事;学习他一切从人民的利益出发,全心全意为人民服务的精神。当然,学雷锋要实事求是,扎扎实实,讲究实效,不要搞形式主义。不但普通干部、群众学雷锋,领导干部也要带头学,才能形成好风气。"在我们迈上全面建设社会主义现代化国家新征程、向第二个百年奋斗目标进军的关键时刻,雷锋精神也将在发展变化中得到进一步发扬。在以中国式现代化全面推进中华民族伟大复兴的时代征程中,从事任何行业、追求任何目标,都不是轻轻松松、敲锣打鼓就能成功的,都需要传承雷锋精神。时代在变,学习雷锋的方式在变,雷锋精神的深刻内涵更加充实了,但雷锋精神的底色从未改变。这些变与不变,共同定义了雷锋精神的时代内涵,每一个人在砥砺奋进的时代背景中都可以做立足本职岗位追求卓越的示范引领者。

第七章　做乐观自信向往美好生活的不懈奋斗者

奋斗是雷锋精神的重要底色，是雷锋精神在新时代不断发展的动力。改造自然界需要奋斗，改造社会需要奋斗，改变人类命运同样需要奋斗。习近平总书记指出："新时代是奋斗者的时代。我们要坚持把人民对美好生活的向往作为我们的奋斗目标，始终为人民不懈奋斗、同人民一起奋斗，切实把奋斗精神贯彻到进行伟大斗争、建设伟大工程、推进伟大事业、实现伟大梦想全过程，形成竞相奋斗、团结奋斗的生动局面。"[①]人民对美好生活的向往是新时代奋斗者的目标，厘清美好生活的定义及其与奋斗的逻辑关系至关重要。

美好生活是一个历史性概念。从马克思主义经典作家的论述看，他们认为个人美好生活的总特征就是个人"自由全面发展"。新时代美好生活是人们基于自由自觉的生存实践所产生的一种总体上幸福的主观体验和积极评价，它是人民享有自由平等的生活、人民共享发展成果的生活、人民享有优秀文化的生活、人民享有公平正义的生活、人与自然和谐共生的生活。马克思美好生活观是中国共产党人新时代美好生活观的思想源头。在中国共产党开启全面建设社会主义现代化国家新征程和实现第二个百年奋斗目标的关键时期，明晰美好生活的基本内涵、逻辑依据与价值意蕴，不仅科学地回答了美好生活何以可能的问题，而且为美好生活的实现指明了方向。

---

①习近平：《在2018年春节团拜会上的讲话》，《人民日报》2018年2月15日。

一、新时代美好生活的理论内涵与价值意蕴

习近平总书记在党的二十大报告中指出:“为民造福是立党为公、执政为民的本质要求。必须坚持在发展中保障和改善民生,鼓励共同奋斗创造美好生活,不断实现人民对美好生活的向往。”习近平总书记强调:“人民对美好生活的向往,就是我们的奋斗目标。”什么是美好生活?这既是一个理论问题,也是一个实践问题。要实现人民对美好生活的向往,必须紧紧围绕我国社会主要矛盾变化,在统筹推进政治、经济、文化、社会和生态文明建设协同发展中找到美好生活的正确打开方式,更好地推动人的全面发展和社会全面进步。

(一)新时代美好生活的基本内涵

美好生活应该是人类意识觉醒以来对生活的共同追求。布洛赫指出:“人们无时不在丰富多彩地梦想着更美好的、可能的生活。”[①]纵观古今中外,美好生活问题是众多思想家、哲学家思考和关注的重要问题之一。美好生活作为一个概念被众多理论家、思想家所使用,也是人们日常生活中经常谈论的话题,虽然语境和情境有别,但在旷日持久的讨论中,人们依然可以形成一些共识。从整体来看,美好生活是一个动态演进的历史过程,是一个永远趋于更加美好的发展过程。对于美好生活的评价,不能以一种静态的或定量的标准去衡量,而应以一种动态的和发展的眼光去看待。新时代,美好生活绝不是抽象玄虚的概念,也不是虚无缥缈的幻象,而是具有特定意义的现实指向,是具有科学内涵的奋斗目标。“人民美好生活需要日益广泛,不仅对物质文化提出了更高要求,而且在民主、法治、公平、正义、安全、环境等方面的要求日益增长。”[②]美好生活集中体现在以下几个方面:政治制度层面的

---

①恩斯特·布洛赫:《希望的原理(第1卷)》,上海译文出版社2012年版,第1页。

②习近平:《决胜全面建成小康社会夺取新时代中国特色社会主义伟大胜利——在中国共产党第十九次全国代表大会上的报告》,人民出版社2017年版,第11页。

公正、经济物质层面的丰裕、文化精神层面的崇高、社会保障层面的幸福、生态自然层面的和谐。

（二）新时代雷锋奋斗精神的价值意蕴

新时代雷锋奋斗精神的目标之一指向美好生活。新时代雷锋奋斗精神的价值意蕴丰富而深刻，不仅涵盖了个人维度的追求，同时也涵盖了社会维度的追求。就个人层面而言，体现为经济物质富足、精神世界愉悦等。就社会层面而言，主要体现为人际关系与自然关系和谐、社会保障机能健全等。新时代雷锋奋斗精神不仅是人民追求向上生活的支撑，也是社会前进的发展方向。

1.实现国家发展与个人目标相统一的必然要求

追求美好生活是实现国家发展与个人目标相统一的必然要求，这种统一性集中体现在“国家”与“个人”相互依存的关系上。在存在剥削阶级的社会，国家是为了统治阶级更好地维护阶级统治而存在；在我国劳动人民当家作主的社会主义社会，国家是为了更好地维护广大劳动人民利益而存在，是为了追求人民的美好生活而存在。雷锋奋斗精神给予了追求美好生活的充足动力和养分，国家的茁壮发展给予人民追求美好生活的前提，国家的建设发展需要人才，需要每个人学习雷锋奋斗精神，形成一个个个人目标，汇聚成国家发展的大目标。

雷锋奋斗精神不仅是我们为个人的目标奋斗的驱动力，也是个人奋斗目标与国家发展目标相统一的驱动力。美好生活是每个人向往的，也是国家向往的，美好生活将国家发展与个人目标相统一。

2.实现物质富裕与精神富裕的必然要求

富裕既包括人们物质生活方面的富裕，也包括人们精神文化生活方面的富裕。社会主义的富裕是物质富裕与精神富裕的统一，是全面的富裕。社会主义必须建立在高度发展的物质基础上，“不发展生产力，不提高人民的生活水平，不能说是符合社会主义要求的”[①]。只有物质富裕而没有精神富裕，并不是现代文明条件下的真正富裕。高度的物质文明和高度的精神文明既是社会主义现代化的重要内容，也是社会主义富裕的主要内容。

首先，新时代雷锋奋斗精神的价值意蕴体现在物质经济的富足上。习近平总书记指出：“物质需求是第一位的。”[②]物质需求的满足对人们的生产生活仍然发挥着基础性和决定性作用。新时代，人民群众对物质上的需求呈现出高品质、全方位的特点。随着经济社会的快速发展，人民群众对高品质生活的诉求越来越强烈。推动经济高质量发展与创造高品质生活是有机统一、相得益彰的。其次，新时代雷锋奋斗精神的价值意蕴体现在对精神富裕的追求上。追求精神生活是人类独有的特质，在满足物质需要的同时，对精神生活的追求是人类生活最重要的组成部分。精神文化的进步，积淀为精神财富或精神产品的丰富，在满足人们精神需要的同时，能够有效地引导人们正确对待财富，为促进人的全面发展和社会的全面进步提供持久的精神动力。“人类社会发展的历史证明，一个民族，物质上不能贫困，精神上也不能贫困，只有物质和精神都富有，才能成为一个有强大生命力和凝聚力的民族。”[③]物质富裕和精神富裕相辅相成。如果只有物质富裕，没有精神富裕，人们将道德沦丧，不择手段地追求物质享受，掠夺大自然，导致整个社会失序。因此，建设中国特色社会主义，不仅要有高度发达的物质文明，而且要有高度发达的精神文明。弘扬新时代雷锋奋斗精神是实现物质富裕与精神富裕的必然要求。

3.实现当前利益与长远利益的必然要求

新时代雷锋奋斗精神既强调个体在当下的努力与积累，又用发展的眼光服务长远的目标与统筹，是实现当前利益与长远利益的必然要求，立足当前，放眼长远，把眼前利益同长远利益结合起来。首先，践行新时代雷锋奋

---

①《邓小平文选(第三卷)》，人民出版社1193年版，第116页。
②《习近平谈治国理政》，外文出版社2017年版，第315页。
③《江泽民论有中国特色社会主义》(专题摘编)，中央文献出版社2002年版，第382页。

斗精神要立足当前，努力做好当前的工作。“千里之行，始于足下”；“九层之台，起于累土”。努力做好当前的工作，是争取长远发展的前提，否则，一切长远的发展都无从谈起。做好当前工作，要一切从实际出发，努力去做那些必须做又可能做到的事情。每一历史阶段，都面临着必须完成的历史任务。这些历史任务的提出，既有其发展的必然性和实现的现实可能性，又往往伴随着各种困难和风险。立足当前，做好当前的工作，既不能畏惧困难，当进不进，贻误时机，又不可好高骛远，去做那些不切实际、超越发展阶段的事情。在实现当前阶段的目标时，又必须与实现长远目标结合起来，不能忘记或者放弃长远的奋斗目标，要在实现当前阶段目标的同时为实现下一阶段的目标准备必要条件。

我们国家和民族的长远目标，就是把我国建设成为富强、民主、文明的社会主义现代化强国，提高人民的物质文化生活水平。在实现长远目标的过程中，有些当前利益难免与长远利益发生矛盾，因此，要践行雷锋奋斗精神，从长远利益出发，以长远利益为重，不能斤斤计较眼前的利益。

二、雷锋是勇于追求美好生活的乐观奋斗者

习近平总书记对奋斗精神有着深刻阐释，对事业、对人生的乐观态度在他的讲话中随处可见。李春雷在《朋友——习近平与贾大山交往纪事》一书中比较二人的诸多差异时写道：“对于现实，近平是一个积极者，即使身处逆境，前途迷茫，他也始终乐观，胸怀梦想。”习近平总书记曾经指出：“面对矛盾和困难，我们要有革命乐观主义的精神，要有大无畏的气概，要有克难攻坚的勇气，从战略上藐视矛盾和困难，在战术上重视矛盾和困难，千方百计化解矛盾，战胜困难，这才能显出领导干部的真本领、硬功夫。”

雷锋的乐观自信为其奋斗精神增添了浓墨重彩的底色。雷锋7岁就成了孤儿，在党和人民的培育下，雷锋从一个苦孩子成长为一个自觉的共产主义战士。1962年8月15日，雷锋殉职，年仅22岁。雷锋精神的实质和核心就是全心全意为人民服务的精神。2019年9月25日，雷锋被评选为“最美奋斗者”。

（一）乐观自信地奋斗是雷锋追求美好生活的重要法宝

中国人民需要自信，中国人民也有理由自信。一个国家、一个民族、一个政党，如果没有自信，必将失去斗志，松松垮垮；只有树立强大的自信，才能振作精神、奋发图强，从容面对前进道路上的一切艰难险阻，成就伟大事业。"四个自信"不是简单的口号与标语，更不是盲目乐观，它来源于中国革命、建设和改革的伟大实践，来源于人民群众的伟大创造，来源于中华民族对真理的不懈追求，是历史和时代赋予我们应有的精神状态。可以说，"四个自信"有着坚实的物质基础、理论支撑和文化积淀，是我们继续前进的强大精神力量。

雷锋7岁就成了孤儿，但他并没有自暴自弃，而是在党和人民的培育下，以乐观自信的姿态努力奋斗，追求自己的美好生活。1949年8月，湖南解放时，雷锋便找到路过的解放军连长要求当兵。连长没同意，但把一支钢笔送给了他并鼓励他好好学习。共产党的恩情，像太阳照暖了雷锋的心。1950年，雷锋当了儿童团团长。同年夏天，乡政府保送他免费读书。后来，他加入少先队。雷锋积极乐观向上，全心全意为人民服务，勇于追求美好生活。他曾多次立功，被评为"节约标兵""模范共青团员"。1960年11月，雷锋入党，并被选为抚顺市人大代表。

1.乐观自信的革命接班人——小先锋成为红领巾

1954年，清水塘小学刚建立少先队组织，雷锋就加入了。"时刻准备着"的誓言时刻鼓励着他。雷锋经常对小朋友们说："咱们是少年先锋队员，一定要加油学习，长大了好建设咱们的新中国。"雷锋读书非常刻苦，每逢节假日上山砍柴或下地种菜时，他口袋里总是装着书本，累了就坐下来边休息边读书，不断学习各种知识。

雷锋积极协助学校少先队组织开展工作，热情参加宣传和文体活动。无论少先队交给他什么任务，他都想尽办法出色地完成，多次受到组织的表扬和奖励，并被选为中队委。

1955年上学期,雷锋从清水塘小学转到荷叶坝小学读书。这个小学只有4名队员,正筹备建队,雷锋一来便成了建队的积极分子。他给同学们讲队章,讲怎样做个少先队员,怎样写入队申请书。有一次,少先队到长沙市烈士公园过队日,队组织交给雷锋的任务是打大鼓。雷锋个子小小的,背着一面大鼓实在吃力,走了十多里路后便满头大汗。辅导员发现后几次派人去替换,都被雷锋拒绝了。不管何时何地,雷锋总是以一种积极向上的态度面对学习、面对生活。

2.乐观自信当夜校老师——热情暖人心

1955年下半年,雷锋已是六年级的学生了。这时候正开展扫盲运动,社里要把那些没有入学的青年组织起来,成立夜校,进行学习。青年们学习积极性很高,纷纷报名,可是没有老师。

雷锋知道了这件事,想起老师说过,建设社会主义是需要有文化知识的,他想,如果能使所有的人有文化知识,那该多好啊。他急忙走到学校,拉住他的好朋友小芳说:"我们晚上帮社里教夜校,好不好?""我们?"小芳不由一怔,她看看雷锋和自己这么小的个子,再想到那些比自己高好些的学生,觉得这建议太意外。雷锋胸有成竹地说:"对,就是我们,这事我们做,要争取做。"两个人得到了党支部书记的鼓励和帮助,很快,夜校就办成了。

教室在一间老乡的堂屋里,学生都是比他们大六七岁的哥哥姐姐。每天他们放学回家吃饭后就分头到各家去催学生上课。他们的辛勤劳动很快就有了收获,不认识字的开始认识字了,不会算的初步能算了。他们开始懂得:自己做的这点工作,就是为建设新中国出了一份力。

1956年,雷锋以优秀的学习成绩从荷叶坝小学毕业。在毕业典礼上,雷锋心情十分激动,他代表毕业同学上台发言,并情不自禁地朗诵起这样的诗句:我们新中国的儿童,我们新少年的先锋,团结起来,继承着我们的父兄,不怕艰难,不怕担子重,为了新中国的建设而奋斗,学习伟大的领袖毛泽东!

3.乐观自信做颗螺丝钉——振羽翼雏鹰欲高飞

雷锋高小毕业后,在乡政府当了通讯员。那时,乡政府正忙于秋收准备工作,缺少人手,雷锋每天除了完成通讯员的本职工作,还主动帮助搞秋征统计,填制报表,有什么工作都抢着干,从不拈轻怕重。由于他思想觉悟高,工作积极,勤勤恳恳,出色完成了秋征工作,乡政府推荐他到中共望城县委当了公务员。

雷锋热爱他的工作和生活,他像一只刚刚展翅飞翔的小鸟,天天快快活活,满身都是劲儿。他白天忙着工作,晚上就到机关中学习。他做工作总是有条有理,十分爱护公家的财物,购买公债时积极带头,被评为模范。

有一次,雷锋跟着县委书记张兴玉去开会,在路上见到一颗小螺丝钉,他踢了一脚就过去了,张兴玉却弯下腰捡起来,装进了衣袋。当时雷锋很纳闷:一位县委书记要一颗螺丝钉有啥用?不久,雷锋到农业机械厂去送信。张兴玉掏出那颗螺丝钉,让他捎给厂子去做零件,并且告诉他:“咱们国家底子薄,要搞建设,一颗螺丝钉也是需要的。别看东西小,机器上缺一个也不行。滴水积成河,粒米凑成箩呀!”这件事带给雷锋很大的震动。从此以后,他再不乱花一分钱,把节约的钱全部积存起来。他决心在自己平凡的工作岗位上做这样一颗螺丝钉。

雷锋在县委机关中真像一颗不生锈的“螺丝钉”,处处闪光。他不论做什么,都一丝不苟。凡是由他管理的公共财物,他都管理得有条不紊;房间里总是打扫得干干净净;对于来县委机关办事的基层干部和来访群众,他都热情接待,态度和蔼有礼貌,服务十分周到,经常受到表扬。

(二)雷锋是社会主义建设时期乐观奋斗追求美好生活的楷模

1956年夏天,雷锋小学毕业后在乡政府当了通讯员,不久后调到望城县委当公务员,被评为机关模范工作者,并于1957年加入共青团。1958年春,雷锋到团山湖农场,只用了一周的时间就学会了开拖拉机。同年9月,雷锋响应支援鞍钢的号召,到辽宁鞍山做了一名推土机手。翌年8月,他又来到条件艰苦的弓长岭焦化厂参加基础建设。雷锋曾带领伙伴们冒雨奋战,保住了7200袋水泥免受损失,当时的《辽阳日报》报道了这一事迹。在鞍钢和焦化厂工作期间,他曾3次被评为先进工作者、5次被评为标兵、18次被评为红旗手,并荣获"青年社会主义建设积极分子"的光荣称号。

1.乐观自信当推土机手——听安排不计得与失

为了支援国家建设,发展钢铁生产,县委积极支持知识青年到鞍钢去大显身手。可是,农场领导舍不得雷锋走。作为一名刚刚培养出来的优秀拖拉机手,工作中的模范,在群众中威信很高的共青团员,领导怎能舍得让他走呢?有同伴吓唬他说:"东北可冷啊,听说那里撒泡尿立刻冻成冰,我们南方人去了怕受不了啊。"雷锋不以为然:"鞍钢需要我们去,县委也支持我们去。你们就不要挽留我了。"

到了鞍钢,开始给新来的青年分配工种了。一心想当炼钢工人的雷锋被分配到化工总厂洗煤车间。他没有这个思想准备,见到洗煤车间主任就坦率地说:"我是来炼钢的,我的志愿都填了表,为什么把我分配到洗煤车间来?"车间于主任是位老工人,很喜欢他这种爽直坦率的性格,上前拍了一下他的肩膀说:"小伙子,组织上考虑你开过拖拉机,现在分配你来当推土机手,这个安排很得当嘛。""当推土机手?开推土机和炼钢有什么关系?"于主任解释:"让你开推土机就是为了炼钢啊!大工业生产就像一架机器,每个厂,每个车间,每个工种,都是这部机器上的零件和螺丝钉,谁也离不了谁。你想想,机器缺少了螺丝钉能行吗?"雷锋听车间主任这么一讲,弄通了道理,决心在鞍钢这架大机器上当好一颗小小的螺丝钉,服从工作安排。

雷锋很快就能单独操作推土机了。他把一列列火车运来的煤推成堆,然后输送到炼焦车间炼焦炭、造煤气,供应给冶铁、炼钢用。他觉得这工作很有意义,虽然他还不习惯寒冷的气候,常常冻得面红耳赤、手脚冰凉,但天寒地冻哪比得上他建设社会主义的热情!

2.乐观自信争上游——顶风雨舍身运水泥

1959年夏天,鞍山钢铁公司决定在弓长岭矿山新建一座焦化厂,要调一些人到那里参加基础建设。雷锋不惧困难艰辛,立马积极响应。一天晚上,雷锋正在新建的调度室里看书，忽然听见外面“唰唰”地下起雨来。他走出调度室，风雨迎面扑来，天黑得伸手不见五指。住在这里的调度员十分着急地说：“工地上还有六节车皮水泥没卸下来，被雨一淋，就要变质，得赶快叫人抢运！”雷锋一听，吃了一惊，水泥是国家财产，绝不能受到损失。他马上顶风冒雨，跑回宿舍，叫上二十几个小伙子，又把自己的衣服、被子都抱到现场来，盖在水泥上，然后组织大家分头找雨布、找芦席，抬的抬、盖的盖，经过一场雨夜激战，终于使七二百多袋水泥免受损失。可是雷锋的衣服、被子却连泥带水搞了个一塌糊涂。

没过几天，《辽阳日报》就报道了抢运水泥这件事，宣传雷锋舍己为公的事迹。雷锋是怎么想的呢？他在当时的日记中写道：“青春啊！永远是美好的，可是真正的青春，只属于这些永远力争上游的人，永远忘我劳动的人，永远谦虚的人。”

3.乐观自信成技术尖兵——苦钻研技术不落后

雷锋来到运输连时，汽车兵专业学习已经进行了一段时间。他马上投入学习，他驾驶过拖拉机、推土机，懂得一些内燃机的理论，但开汽车究竟和开推土机不一样。雷锋立刻向三排长兼汽车教员反映了自己焦急的心情。三排长给他一本《汽车驾驶》课本，他便开始日夜钻研。他把汽车的构造、各种机件的性能和操作的方法与自己原来开过的拖拉机、推土机作了比较，找到它们和汽车的不同点。车场上一空车，他就拿着笔记本爬到车上、钻到车下，对照着机件一件一件地熟悉它、掌握它。这样，他很快就从汽车的原理、构造上，把汽车的特点摸熟了。他一有空就到驾驶室练习，并向技术好的副班长和战士们请教。雷锋反复地练、顽强地练，终于突破了难关。经过废寝忘食的学习，雷锋终于把落下的课程赶上了，新兵排的同志还一致推选他当了技术学习小组长。运输连的高指导员听了三排长的汇报，在全连军人大会上表扬了雷锋刻苦钻研技术的精神。

雷锋总结学习体会的时候，这样写道：从内心往外说，我时刻都想多学点本领，更好地为人民服务。我时刻牢记着马克思的教导:不学无术在任何时候，对任何人，都无所帮助，也不会带来利益。今天，我为人民的利益、阶级的利益、革命的利益，多学点本领就更有必要了。所以我要虚心学习，刻苦钻研，学到真本领，就是为此目的……我觉得一个真正的革命者，他是大公无私的，所作所为，都是对人民有益的，他的责任是没有边的。

（三）乐观奋斗追求美好生活是雷锋向上向善价值追求的深刻体现

雷锋积极向上、勤奋学习、克己奉公、助人为乐，为集体、为人民做了大量的好事。他把平时积存的200元钱无私奉献给抚顺人民公社和辽阳灾区人民，用自己的津贴费给丢了火车票的大嫂补票，主动帮助外出老人，利用闲暇时间担任校外辅导员……雷锋始终把别人的困难当成自己的困难，把同志的愉快看成自己的幸福。雷锋一向勤俭节约，生活上从不乱花一分钱。他认为每一分钱、每一滴油都是人民的血汗，要像爱护自己的眼睛一样爱护。

1.向上向善暖民心——送衣拾粪不畏寒

一天早晨，北风里飘着小雪，气温降到零下二十摄氏度左右。新盖好的宿舍的玻璃窗上结了很厚的冰花，从窗缝里钻进来的寒流逼得人蒙头睡觉。被窝里被窝外是两个世界。小叶要赶早车到鞍山去办私事，老早就醒了，就是舍不得离开热被窝，一分一秒地计算着赶路、到站、开车的时间，实在不能躺了，才爬起来，一出门就打了个寒战。他急忙把帽耳结好，袖着手，走上傍山公路。忽然发现前边有个人影，个子不高，两只帽耳被风吹得直呼扇。只见他一手提着粪筐，一手拿着粪铲，一会儿弯下腰去，一会儿站起身来。小叶想：北方人就是抗冻，这么冷的天，还起这么早拾粪！当他走近那拾粪人时，不禁大吃一惊："雷锋!"小叶喊着扑上去，夺过粪铲，"我还以为是农民呢！这么冷的天，不在被窝里享福，出来 ......""看你大惊小怪的！"雷锋夺回粪铲说，"窝被窝算什么福？""你起早捡粪干什么？你要种地？""我种什么地。捡点粪支援姑嫂城生产队，支部不是号召我们多给生产队做些好事吗？再说，早点起来也能锻炼耐寒力。"雷锋这话使小叶又感动又惭愧。他是为了赶早车才起了个大早,否则现在还躺在热被窝里“享福”呢,可人家响应党的号召,已经起来捡半筐粪了。

于是,小叶也跟着雷锋捡起粪来。两个人一边捡粪一边闲聊。小叶见雷锋只穿一件绒衣,冻得冷呵呵,就问:“你的棉衣呢?”“刚才我给吕大爷披去了。”原来,早上起来检粪,恰好遇到老人出门去办事,雷锋见他穿的衣服单薄,就脱下自己的棉衣给老人披上了。老人说啥也不要,雷锋不答应,争执了半天,老人只能穿上走了。小叶问:“你穿这么少,还坚持捡粪,不冷吗?”“咱们活动活动就暖和了,不能让老人冻着啊!”雷锋说,“我有个体会,当你为别人做了点好事的时候,自己虽然冷点,但心里是暖和的。”他在日记中写道:“一滴水只有放进大海里才能永远不干,一个人只有当他把自己和集体事业融合在一起的时候,才能有力量。力量从团结来,智慧从劳动来,行动从思想来,荣誉从集体来。我要永远戒骄戒躁,不断前进。”

雷锋在焦化厂工地只工作了五个月,加上在鞍钢化工总厂的时间,总共只有一年零两个月,他3次被评为先进工作者,18次被评为标兵,5次被评为红旗手,荣获“青年社会主义建设积极分子”称号。火红的青春,赢得满身荣誉。

2.向上向善写心得——挤时间认真学毛选

雷锋知道学习的重要性,就抓紧一切时间来学习。“不学无术在任何时候,对任何人,都无所帮助,也不会带来利益。”他抄录马克思的这句话当座右铭,激励自己。他学习文化、时事政治、业务技术,像海绵吸水一样,汲取着各种文化知识,丰富自己的头脑。

一天,在工人俱乐部看电影的时候,开演之前,有人发现前排座位上有位解放军叔叔正在聚精会神地看一本厚厚的书《毛泽东选集》,他探过头去一看,叫出声来:“这不是雷锋同志吗？这么一点时间,你还看书啊!”雷锋回过头来说:“时间短吗?我已经看了三四页了。时间短,看一页是一页,积少成多嘛。学习,不抓紧时间不行啊!”

雷锋就是这样抓紧点滴时间来学习的。雷锋的工作流动性大,驾着汽车今日来到这里，明天又来到那里，没个固定时间。他把要看的书装在一个小书包里，随身带着，只要一有空闲，哪怕只有几分钟的时间，也拿出书来读它几行。

指导员经常发现他挑灯夜读，翻看他的书籍时不禁感叹：雷锋学得多用心多仔细!几乎每一篇每一页都画了一些学习要点，边边角角上还写着一些学习心得。他学习《纪念白求恩》一文后，在书眉上写下："为人民服务，他就能成为一个道德高尚的人。不但要有好的思想，而且还要有高超的技术，才能更好地为人民服务。我活着就要做一个对人民有用的人。"

同志们十分称赞雷锋这种向上向善的精神，正是这种向上向善的精神，促进了全连干部战士在繁忙的运输任务中坚持学习马列主义、毛泽东思想，树立全心全意为人民服务的人生观。

3. 向上向善献爱心——获得灾区感谢信

一天下午，抚顺市望花区的人民群众正在召开大生产动员大会。雷锋上街去办事，看到这个场面，心想：自己能为社会主义建设做点什么呢？他左思右想，脑子里闪出一个捐款的念头，便立即挤出人群，来到了储蓄所。因为他每个月都来存一次钱，储蓄所的同志已经认识他了，一见他来，就热情地说："雷锋同志又来存钱啦?"雷锋笑笑说："不，这回我来取钱。""取多少?""看我存了多少吧。"储蓄员翻到雷锋的账页，看了一眼说："203元。""那我就取200元吧。"雷锋不假思索地说。储蓄员一听他要取这么多，就问："一定是家里有急事等着用钱吧?""家里……对。是家里等着急用。"雷锋取出自己在工厂和部队长年累月积存的200元钱，一阵风似的跑到望花区，找到党委办公室的一位同志，拿出钱说："这是我对望花区人民的一点心意，请收下吧!"

时隔不久，辽阳地区遭到百年不遇的洪水，雷锋带病参加抗洪抢险的时候，想到自己还有剩下的100元钱，立即写了封慰问信，顶着大雨跑到邮局，寄给了辽阳市委。

不久，团政治处连续收到两封表扬雷锋的地方来信。一封是抚顺市望花区来的，一封是中共辽阳市委的，这两封信都高度赞扬了雷锋向上向善的奉献精神。

雷锋在日记中写道:“我活着,只有一个目的,就是做一个对人民有用的人。人民的困难,就是我的困难,帮助人民克服困难,贡献自己的一点力量,是我应尽的责任。我是主人,是广大劳苦大众当中的一员,我能帮助人民克服一点困难,是最幸福的。”

三、共创新时代美好生活需要躬身践行雷锋精神

党的十八大以来,习近平总书记多次讲述雷锋事迹,号召我们向雷锋同志学习,要求我们既要学习雷锋的精神,也要学习雷锋的做法。雷锋精神具有强大的生命力,能够穿透历史,跨越时代,与新的时代条件和社会实践紧密结合,历久弥新,常学常新。学习雷锋,首先要学习雷锋精神,深刻理解雷锋精神的内涵和价值意蕴。学习雷锋还要落实在行动上,要像雷锋那样,表里如一,言行一致,说到做到。

2012年,中央办公厅印发的《关于深入开展学雷锋活动的意见》,把雷锋精神概括为:热爱党、热爱祖国、热爱社会主义的崇高理想和坚定信念,服务人民、助人为乐的奉献精神,干一行爱一行、专一行精一行的敬业精神,锐意进取、自强不息的创新精神,艰苦奋斗、勤俭节约的创业精神。习近平总书记在给“郭明义爱心团队”的回信中,指出当有人需要帮助时,大家搭把手、出份力,社会将变得更加美好,要积极向上向善,从赠人玫瑰、手留余香中感受善的力量,以实际行动书写新时代的雷锋故事。①弘扬践行向上向善的雷锋精神,是我们共创新时代美好生活的重要法宝。

(一)以热爱党、热爱祖国、热爱社会主义的理想信念作为共创新时代美好生活的精神指引

精神的传承生生不息,精神的力量无穷无尽。雷锋精神作为纳入中国共产党人精神谱系的伟大精神,是时代精神与民族精神的生动体现,是引领

①《习近平总书记给“郭明义爱心团队”的回信》,《人民日报》2014年3月5日。

一代代中国共产党人的精神旗帜，具有丰富的价值意蕴。热爱党、热爱祖国、热爱社会主义的崇高理想和坚定信念，这是雷锋精神富有旺盛生命力的本质属性，也是雷锋以及雷锋式先进人物为共创美好生活不懈努力奋斗的精神支柱和精神指引。

中国共产党是中国革命和中国特色社会主义现代化建设事业的领导核心，没有中国共产党的领导，就没有现在繁荣富强的新中国。爱国是个人对祖国的真挚热烈的情感，爱国是具体的，是指爱中国共产党领导的社会主义新中国。社会主义是真正实现人类平等、公正、进步、文明的崭新社会制度，我们要热爱并拥护社会主义。只有热爱党、热爱祖国、热爱社会主义，才能有底气去拥有更加美好的生活。

雷锋用实际行动诠释了雷锋精神所蕴含的热爱党、热爱祖国、热爱社会主义的崇高理想和坚定信念。新时代，雷锋依旧是广大人民群众学习的榜样。同时，雷锋精神不断被高度凝练，成为持续推进新时代中国特色社会主义建设的强大精神动力。

人的生存与发展是离不开精神的指引和支撑的。雷锋精神恰恰就是这种具有引领与支撑作用的精神。雷锋精神是社会主义核心价值观的生动体现。例如，长沙市深入挖掘雷锋精神时代内涵，大力弘扬“学习雷锋，奉献他人，提升自己”的志愿服务理念，不断增进人们对雷锋精神的认同和参与志愿服务的自觉。将雷锋元素融入城市建设，雷锋纪念馆、雷锋学校、雷锋大道、雷锋公园等文化地标以及雷锋车队、雷锋专线、雷锋超市等道德符号，成为这座城市的鲜明印记。创作发布“雷锋家乡学雷锋”系列剪纸公益广告，常年刊播学雷锋志愿服务公益广告，让人们在日常生活中强化“我是雷锋故乡人”的自豪感，感受“雷锋家乡春常在”的独特魅力。强化精神感召，组织续写雷锋日记、宣传雷锋事迹、传唱雷锋歌曲、展映雷锋影视、创评雷锋式典型，举办全国“雷锋精神论坛”，组织“深入学雷锋，助力中国梦——雷锋战友走进雷锋故乡开展雷锋精神寻根之旅”活动，开展国家社科基金重大项目“雷锋精神研究”，长期举行“雷锋故乡行”大型采访活动和“雷锋家乡学雷锋"系列网络访谈，在市民教育和课堂教学中坚持开展雷锋精神教育，使市民群众和青年学生对学雷锋志愿服务的认识不断得到升华。

面对日益严峻的国内外形势，我们必须坚定崇高理想和信念，高举中国特色社会主义伟大旗帜，走中国特色社会主义道路，弘扬并躬身践行雷锋精神，以向上向善的精神激励和引领一批又一批的中国人，推动各行各业形成争创雷锋式先进人物的良好风尚，引领广大人民群众共创新时代美好生活，凝聚起实现国家富强民族复兴的磅礴力量。

（二）以乐观自信、锐意进取、自强不息的奋斗精神作为共创新时代美好生活的力量源泉

乐观自信、锐意进取、自强不息的奋斗精神作为雷锋精神的重要组成部分，成为新时代广大人民群众践行社会主义核心价值观、共创美好生活的强大力量源泉。乐观自信、锐意进取、自强不息指在生活中不断充实自己、提高自己、完善自己，同时也是一种人生态度和做事方法，以积极主动的态度、科学严谨的方法、团结协作的精神，追求工作的高效率。雷锋始终保持着高昂的斗志和进取的决心，扎实学习理论知识，并将所学知识充分运用于本职工作，向高标准看齐，凭借着一股钻劲，解决了工作中遇到的许多难题。

雷锋认真工作，积极探索，充分体现了乐观自信、锐意进取、自强不息的奋斗精神。在工作中遇到困难时，雷锋总会及时找到突破口和创新点，精准发力，使问题迎刃而解。当前，我们的物质生活条件得到了极大的改善，但要构建一个更加美好的社会，仍然需要我们不断弘扬并践行雷锋乐观自信、锐意进取、自强不息的奋斗精神，进而实现共创美好生活的目标。

新时代新征程，我们没有了雪山草地的艰难险阻，没有了缺衣少粮的生活境况，但依然面临诸多重大困难、重大挑战、重大风险、重大考验。当下，少数党员干部干事劲头不足，安于现状，缺少奋斗精神，遇到事情想躲，遇到困难害怕，这给党的事业敲响了警钟。习近平总书记指出："现在，我们生活条件好了，但艰苦奋斗的精神一点都不能少，必须坚持以俭修身、以俭兴业，

坚持厉行节约、勤俭办一切事情。”新时代,艰苦奋斗的价值意蕴具有与时俱进的根本属性,雷锋精神的深刻内涵永不过时。

美好生活的实现归根到底是长期奋斗的结果。美好生活的实现,一定要经过一个长期耕耘奋斗、艰辛努力的过程。中国在一穷二白的基础上,满足了人民基本的物质文化生活需要,满足了人民不断提升的物质文化需要,这是几代中国人坚韧不拔接续奋斗的结果。人民美好生活需要是更高层级的人的需要,更需要长期奋斗。奋斗不仅是满足美好生活需要的重要手段,奋斗本身也是美好生活需要的重要组成部分。

雷锋虽然在平凡的岗位上,每日做着平凡的事情,但他却干出了不平凡的业绩。躬身践行雷锋精神,就要做到知行合一,将其转化为个人的行动,真正地做到内化于心、外化于行。通过把乐观自信、锐意进取、自强不息的奋斗精神转化为清醒的文化自觉、现实的生存方式以及过硬的工作本领,使其成为我们实践的力量源泉,从而实现共创美好生活的目标。

(三)以服务人民、助人为乐的奉献精神作为共创新时代美好生活的价值取向

奉献精神是不求回报地为他人、集体和社会付出的宝贵品质。雷锋的一生是奉献的一生,这种奉献精神也是雷锋精神历经时代变迁依旧历久弥新具有强大生命力的重要原因。为人民服务是雷锋坚守和践行的人生信条,他通过党的教育和培养深刻领会了中国共产党为人民服务的根本宗旨,以自己的模范行动诠释人民至上的原则,彰显了共产党人的先锋形象。新时代,共创美好生活要更加坚定地走群众路线,发扬奉献精神,才能真正实现物质生活与精神生活的共同富裕。

助人为乐是中华民族代代相传的优良传统美德,也是超越个体享乐的一种美德,展现了一个人内心的真善美。先人后己、助人为乐是雷锋为人处世的基本方式,也是雷锋精神的典型标识。雷锋把自己的一生都献给了人民,尽管时代变迁,但雷锋精神永放光芒,永远值得我们学习。

为人民服务在不同的时代有不同的要求。对新时代的共产党人来讲，最根本的就是坚定不移地为实现中华民族伟大复兴的中国梦不懈奋斗。中国梦是民族的梦、人民的梦，它关系着亿万人民的根本利益和福祉。党的十八大以来，以习近平同志为核心的党中央带领全党用一个个历史性成就兑现着“人民对美好生活的向往，就是我们的奋斗目标”的庄严承诺。党的十九大把“以人民为中心”作为新时代坚持和发展中国特色社会主义的重要内容，强调体现人民意志、保障人民权益、激发人民创造活力，用制度体系保证人民当家作主，强调人民是创造历史的动力，强调新时代必须坚持人民的主体地位，号召全党同志“要永远与人民同呼吸、共命运、心连心，永远把人民对美好生活的向往作为奋斗目标，以永不懈怠的精神状态和一往无前的奋斗姿态，继续朝着实现中华民族伟大复兴的宏伟目标奋勇前进”。党的二十大报告中强调：“从现在起，中国共产党的中心任务就是团结带领全国各族人民全面建成社会主义现代化强国、实现第二个百年奋斗目标，以中国式现代化全面推进中华民族伟大复兴。”

在新征程上，我们要以雷锋服务人民、助人为乐的奉献精神作为自己行为规范的标尺，作为共创美好生活的价值取向。马克思曾说，哲学家们只是用不同的方式解释世界，而问题在于改变世界。解释世界是为了更好地认识世界，认识世界是为了更好地指导人们改造世界，而只有实践才能改造世界。因此，我们要将这种价值取向用来指引人们的道德实践，把为人民服务的思想落实在自己的工作和生活实践中，以实际行动来诠释美好的生活属于每一位向上向善的人民群众。

第八章　做中国形象的积极塑造者

习近平总书记在党的二十大报告中指出：讲好中国故事、传播好中国声音，展现可信、可爱、可敬的中国形象，推动中华文化更好走向世界。习近平总书记的这一重要论述，阐述了国家形象构建的目标定位，凝聚了不同历史时期党和国家主要领导人的智慧，体现了国家形象定位的文化基因与历史传承。奋进新征程、建功新时代，需要与雷锋精神同行。我们应该像雷锋那样，永葆初心，爱党爱国爱社会主义，向上向善向美，做中国形象的积极塑造者。

一、中国走近世界舞台中央的必然要求

中国正前所未有地走近世界舞台的中央，前所未有地成为世界关注的中心。在这个过程中，我们要向世界展现“可信、可爱、可敬的中国形象”。国家形象的塑造，从来不是哪一个人或哪一部分人的事，而是全体公民共同的不可推卸的责任。

（一）国民个体形象是国家形象的重要展现

习近平总书记指出：“要注重塑造我国的国家形象，重点展示中国历史底蕴深厚、各民族多元一体、文化多样和谐的文明大国形象，政治清明、经济发展、文化繁荣、社会稳定、人民团结、山河秀美的东方大国形象，坚持和平发展、促进共同发展、维护国际公平正义、为人类作出贡献的负责任大国形象，对外更加开放、更加具有亲和力、充满希望、充满活力的社会主义大国形象。”

国家形象是国内外民众对国家本身、国家构成及其行为给予的总体评价和认知，有着内在的运行逻辑，是一个动态的、可建构的过程。国家形象的形成是一个历史过程，在这个过程中，国民个体的形象往往展现着国家的形象。在古代，国外民众往往是从一些代表性人物的身上，建构起对中国的初始形象。如：从孔子身上，形成崇德重义、重视教育的初始形象；从成吉思汗身上，形成尚武好战、勇猛彪悍的初始形象；从郑和身上，形成开放交流、经济发达的初始形象。当然，一些反面例子也可能为中国带来一些不好的印象。如：英国作家萨克斯·罗默（SaxRohmer）在21世纪初创造了一个叫“傅满洲”的古代中国人物形象，虽然这个人物是虚构的，但因为其在文学和影视作品中反复出现，导致一些不了解中国的西方人形成了对中国人的刻板印象。傅满洲瘦高秃头、细眉长眼、面目阴险的形象完全具象化了当时西方世界对神秘东方的恐惧，甚至成为一些西方人对中国人的偏见的根源。而萨克斯·罗默（SaxRohmer）根本不了解中国人，他本人曾公开承认靠中国赢得了名声，但自己却对中国人一无所知。就是这样一个虚构的个体形象都可以严重影响外国民众对中国国家形象的认知。可见，国民个体形象与国家整体形象是息息相关的。

网络上流传着这样一句话：“你所站立的地方，正是你的中国；你怎么样，中国便怎么样；你是什么，中国便是什么；你有光明，中国便不黑暗。”可见，每一个中国人都是中国形象的代表者、展示者，国外民众从与中国人民打交道的过程中，会不由自主地建构起对中国国家形象的初始认知。从这个角度来说，我们期望国家的，也正是期望我们自身的；我们希望国家如何，也在于我们拥有怎样的自我期许。国家拥有怎样的前景或者现实，都是从国民自己开始的，国民的一言一行，都在为这个国家塑形。

（二）国民个体传播是国家形象传播的重要途径

“国之交在于民相亲”，这是中国古老的谚语，它也蕴含着深刻的智慧。随着社会的发展，人们的生活水平不断提高，交流的渠道更加便捷，各国国民的交往交流交融越来越多。近年来，受到新冠疫情影响，出入境人数有所下降。以2019年来看，2019年全国边检机关检查出入境人员6.7亿人次，内地居民出入境3.5亿人次，香港、澳门、台湾居民来往内地（大陆）分别为1.6亿人次、5358.7万人次、1227.8万人次，外国人出入境9767.5万人次。每一个走出国门的国人，都是传播中国形象的使者，都有把中国形象美好的一面展现给国外民众的义务与责任。同时，在国内与国外民众的交流，也是展现与宣传中国形象的途径。

雷锋团原副政委周道海可谓这方面的楷模。周道海曾是雷锋生前所在团副政委兼政治处主任，2004年3月，他加入了中国首批赴西非利比里亚维和部队。在西非建设了首个海外雷锋展室、走进当地大中小学校宣讲雷锋故事、完成一次次艰难险重的任务、为当地居民解决难题，不仅赢得了掌声，也将“雷锋”刻在了利比里亚人民的心中。周道海在国外弘扬雷锋精神，让雷锋走出了国门、走向了世界。雷锋的奉献精神蕴含着人类共同的价值追求，是一种面向全人类的大爱精神。有人因此写下了这样的话：“雷锋精神就像一滴油，能覆盖整个大洋，使世界更加平静。”利比里亚的人民从周道海身上领略到了热爱和平、乐于奉献、胸怀大爱的中国当代军人形象，也进一步领略到了中国“可信、可爱、可敬”的国家形象。

对国家形象的传播，政府、媒体、企业和驻外机构担任着不同的角色，各自发挥着不可替代的作用。国家形象传播最重要的主体是国家本身，也可以理解为国家机构。国家在国家形象的传播过程中发挥的是统筹协调、统领全局的作用，同时也是国家形象传播的“主窗口”。国家形象传播的第二主体是社会媒介，社会媒介能够通过一定的影响力作用到国家形象的传播过程中。国家形象传播的第三主体是人民群众及团体，这也是国家形象传播最广泛的主体。在经济全球化时代，国家间的交流日益频繁，人民群众作为社会最广泛的实践主体，其一言一行也影响着国家形象的对外传播。在“国家—社会媒介—人民群众及团体”的国家形象传播网络中，各级传播主体并非独立的，而是相互影响的。国家为国家形象的正确塑造和传播提供方向性的指导,同时带动社会媒介、人民群众及团体以更广泛的路径参与到国家形象的传播中,并接受社会媒介和人民群众的监督;社会媒介既是国家在国家形象传播过程的补充者,也是监督者,负有发挥主观能动性、展示良好国家形象的责任,也负有积极引导人民群众及团体传播国家形象,为人民群众及团体提供指导和支持的使命;人民群众及团体是国家和社会媒介这两类传播主体的补充,利用最广泛的主体资源、最广泛的传播路径助推国家形象的对外传播。每一个国人都应该利用各种渠道和平台,通过社交媒体、新闻报道、旅游宣传等途径,展示中国的文化、发展成就、科技创新等方面的积极面貌,传播“可信、可爱、可敬”的国家形象。

(三) 国家形象为国民个体发展营造良好外部环境

国家形象直接影响一个国家在国际社会中的地位和作用,是国家软实力的重要范畴。一方面,国民个体是国家形象的代表者、展示者、维护者;另一方面,国家正面形象的确立,有助于国民个体在对外交往中获得良好的舆论环境和人文环境,有助于国民个体事业的发展。

新中国成立后,我国始终与发展中国家站在一起,为人类进步和解放事业作出了杰出贡献。近年来,面对国际格局变革动荡,多重危机肆虐侵袭,我国同广大发展中国家坚定地站在一起、干在一起,维护国际道义、拓展共同利益,打造了发展中国家平等相待、真诚互助的新典范。我国的国际地位和国际影响力不断提高,我国的国家形象越来越好。随着我国的对外开放程度越来越高,中国产品行销世界,中国投资走向全球,中国人的身影活跃在世界的每一个角落。国家的强大和国家形象的提升,为每一个国民提供了更为广阔的世界舞台。

二、雷锋是新中国国家形象的时代标志

1956年小学毕业时,雷锋激动地写下了这样一段文字:“毕业以后,很多同学准备升入中学学习。我呢,我决定留在农村广阔的天地里,当一个新式

农民。我决心做个好农民，争取驾起拖拉机，耕耘祖国大地，建设社会主义新农村。将来，如果祖国需要，我就去做个好工人，为我国的社会主义工业化建设出把力。将来，如果祖国需要，我就参军做个好战士，用自己的鲜血和生命去保卫我们伟大的祖国。”雷锋在他22年短暂而美丽的人生中，一路向上，诠释了信念的能量、大爱的胸怀、忘我的精神、进取的锐气，是我们民族精神的生动写照，是他所处时代中国形象的典型代表。

（一）雷锋是新中国农民形象的优秀代表

1954年4月28日，《新湖南报》刊发了《向冯健同志学习》的文章，文章介绍了望城当地女青年冯健高小毕业后回乡养猪，被评为全省劳动模范的光荣事迹。雷锋和同学们读到冯健的故事十分感动，在班上组织的讨论中，雷锋说道：“祖国需要就是我的志愿，我要向冯健姐姐学习，到农业战线上去学习。”雷锋是这么说的，也是这么做的。后来，他真的成了新中国新式农民的代表。

雷锋是翻身做主人农民的代表。雷锋出生在旧中国一个贫苦农民家庭，7岁就成为孤儿。新中国成立后，雷锋和所有穷苦农民一样，第一次有了属于自己的土地，有了属于自己的住房，他自豪地感到自己真正是新社会的主人了。雷锋感恩于党的恩情，他决心在广阔农村的天地里挥洒自己的汗水。

雷锋是懂技术的新式农民的代表。1958年春天，望城县委决定将团山湖围垦成一个国营农场，让往日的荒芜之地变成“鱼米之乡”。当时，团县委号召全县青少年为农场捐款，购买一台拖拉机。18岁的雷锋，把一年多来的积蓄20元钱全部捐出，支持农场建设，成为当时全县捐款最多的青年。当时，雷锋是县委书记张兴玉的通讯员。雷锋再三提出请求，申请到团山湖农场开拖拉机。在团山湖农场，雷锋每天早早来到拖拉机旁，完成设备检查后和师傅一起出车。他坐在师傅身边，一边认真听师傅讲解，一边专心地看他操作。为了尽快掌握驾驶技术，雷锋在晚上认真阅读有关拖拉机构造、维修保养和驾驶技术的书籍。功夫不负有心人，雷锋很快就掌握了拖拉机的驾驶技术，成为望城第一代拖拉机手，真正成为“新式农民”“好农民”。

（二）雷锋是新中国工人形象的优秀代表

1958年11月，雷锋响应党和政府积极参加工业建设的号召，远离家乡，到人生地不熟的东北鞍钢化工总厂当了一名推土机手，一直干到1959年12月。仅仅一年时间，他就被工人们称赞为最能干的优秀工人。由于工作出色，他多次被评为“红旗手”“标兵”“劳动模范”“先进生产者”“社会主义建设积极分子”，出席了鞍山市青年积极分子代表大会。

雷锋是特别能吃苦的工人代表。雷锋刚到鞍钢后不久，就成了鞍钢化工总厂洗煤车间推土机手李长义的学徒工，学习驾驶C-80重型拖拉机。C-80重型拖拉机是苏式重型机械，驾驶起来震动大、劳动强度大，技术复杂。冬天得顶风冒雪在露天煤场作业，又脏、又冷、又累。李长义看着年轻个子小的雷锋，担心他吃不了这个苦。可雷锋说：“放心吧，师傅，什么苦我都吃过。”雷锋在寒冷刺骨的洗煤车间驾驶推土机，从不叫苦叫累，师傅李长义都被他深深感动。

雷锋是善于钻研、干一行钻一行的工人代表。雷锋在日记中说：“永远力争上游，永远忘我劳动，永远谦虚。”这三个“永远”，反映了雷锋的思想境界。永远力争上游，是雷锋的人生追求；永远忘我劳动，是雷锋的工作态度；永远谦虚，是雷锋的道德标准。雷锋的三个“永远”，使他在一个多月时间就能单独操作推土机。在推土机出问题的时候，雷锋刻苦学习，认真钻研，终于找到问题所在。在弓长岭搞基建的时候，雷锋发明了横杆吊斗。遇到困难，雷锋总有一股“钉子”精神，他将这种“钉子”精神用在理论学习和钻研技术上，其技术水平甚至超过了他的师傅。

（三）雷锋是新中国军人形象的优秀代表

1959年12月，雷锋从鞍山钢铁厂报名参军，于次年一月被正式批准入伍，分配到沈阳军区工程兵第十团运输连四班当战士，并于同年11月加入中国共产党。雷锋一直以来都有写日记的习惯，参军的第一天，他就在日记本上写道："我走上了新的战斗岗位穿上了黄军服，光荣地参加了中国人民解放军。我好几年的愿望在今天已经实现了，我真的感到万分的高兴和喜悦，这是我一生最大的幸福。"雷锋在部队生活的2年零8个月时间内，被授予中士军衔，先后荣立二等功1次、三等功2次，受嘉奖多次，被评为"模范共青团员""节约标兵"，被选为抚顺市第四届人大代表。

雷锋是理想信念坚定的优秀士兵代表。雷锋生在旧社会，长在新中国，既经历了旧社会的种种不幸和苦难，又在新社会翻身做主人。新旧社会的强烈对比使他感受到中国共产党的伟大，坚定了共产主义的信仰和追求，对党和人民充满了感情。

雷锋之所以有坚定的理想信念，既是党的科学理论的感召，也是他追寻真理的自信和自觉。雷锋孜孜不倦地学习马列主义、毛泽东思想，用辩证唯物主义和历史唯物主义的观点认识世界，分析社会，他先后写下富有理论深度和思想广度的140多篇日记、90多篇诗文书信及讲稿。雷锋这样写道："一个革命者，当他一进入革命行列时，就首先要确立坚定不移的革命人生观。树立这样的人生观，就必须培养自己的思想道德品质，处处为党的利益、为人民的利益着想，具有大公无私、舍己为人的风格。"1962年8月6日，在雷锋去世前的9天，他在日记中写道："我今天听一位同志对另一位同志说：'人活着就是为了吃饭……'我觉得这种说法不对，我们吃饭是为了活着，可活着不是为了吃饭。我活着是为了全心全意为人民服务，是为人类的解放事业———共产主义而斗争。"

雷锋是爱军习武的优秀士兵代表。刚到连队训练时，他的手榴弹投得不远，于是，他下决心苦练，胳膊练肿了，吃饭连筷子都拿不起来。他就是凭着这种干啥钻啥的精神，闯过了难关，最终实弹投掷取得了优良成绩。雷锋到汽车连后，接手的13号车是全连有名的"耗油大王"，为了节约油料，他翻阅了许多专业书籍，请教了行家里手，最终把"耗油大王"改造成了节油车。

三、弘毅笃行做中国形象的积极塑造者

做中国形象的积极塑造者，需要每一位国民像雷锋那样，从我做起、从小事做起、从现在做起，成为中国形象的代表者、传播者、维护者。

（一）像雷锋那样不断超越自我，做中国形象的代表者

雷锋把钉子的挤劲、钻劲，运用到工作和生活中，不断超越自我，每一天都过得充实、精彩、有价值。走进新时代，我们都应该像雷锋那样，拼搏、进取，充满朝气和锐气，不断创新突破，展示当代中国人的良好形象，成为中国形象的代表者。

要展现拼搏进取的中国人形象。正如习近平总书记所说：历史只会眷顾坚定者、奋进者和搏击者，而不会等待犹豫者、懈怠者、畏难者。要把当代中国青年积极进取、建功立业的良好风貌展现出来，把当代中国青年敢于创造、勇于突破的精气神展现出来。

要展现重信守义的中国人形象。重信守义是中华民族流传下来的传统文化，也是中华民族可以屹立世界东方千年不倒的秘诀之一。每个民族都有自己的特色，我们一定要将信义精神发展下去，世代传承。

要展现文明自信的中国人形象。中国有着五千年的文明，中国自古就是礼仪之邦，中国正在世界焕发出耀眼的光芒。今天的中国人可以自信，应该自信。要以成熟自信文明的形象展现当代中国人的风采。

（二）像雷锋那样给予世界大爱，做中国形象的传播者

雷锋走到哪里，就把好事做到哪里，把爱带到哪里。人们经常说一句话：“雷锋出差一千里，好事做了一火车”。雷锋不仅温暖了人们的心灵，也照亮了世界上许多善良人的眼睛。高尚的心灵、崇善的本性在全人类有着深刻的共鸣。雷锋精神是一种人间大爱，爱是人类精神的共同取向。我们要像雷锋那样，以爱为桥，将中国形象传播到世界各国人民心中。

在倡导和维护世界和平中传播中国形象。中华民族是爱好和平的民族,无论是曾经强大的过去还是日益昌盛的现在,中国人民始终秉承热爱和平的民族精神,处理人与人、民族与民族、国家与国家之间的关系,反对以强凌弱等各种霸权主义行径。中华民族是一个爱好和平的民族,在与世界其他民族历史悠远的友好往来过程中,中国为世界的和平与稳定作出了杰出的贡献。我们倡导世界各国无论大小、强弱,主权一律平等。我们要继续高举维护世界和平的旗帜,反对霸权主义和强权政治、反对大国竞争、反对集团对抗。

在扶危济困中传播中国形象。塑造负责任的大国形象,就要有命运与共的理念。随着我国经济实力的不断增强,我国的对外援助力度也逐渐加大,从以往的人道主义援助、技术援助、经济援助,到近年来我国积极向遭受新冠疫情的国家和地区提供疫苗及医疗物资援助,这些都充分彰显了我国以坚定信心和实际行动推动构建人类命运共同体的大国担当。2020年上半年,面对新冠疫情,我国发起了新中国历史上规模最大的一次全球紧急人道行动:向将近150个国家和4个国际组织提供了紧急援助;为170多个国家举办了卫生专家专题视频会议,毫无保留地分享成熟的诊疗经验和防控方案;向24个有紧急需求的国家派遣了26支医疗专家组,面对面地开展交流和指导。我们还在保证质量的前提下,开足马力为全球生产紧缺的医疗物资和设备,向世界出口了口罩568亿只,防护服2.5亿件,进一步彰显了我国坚持人类命运共同体理念、促进共同发展、维护国际公平正义、为人类作出贡献的负责任的大国形象。

(三)像雷锋那样敢于斗争,做中国形象的维护者

雷锋爱憎分明,对党对国家对社会主义无比热爱、充满感恩。雷锋的阶级立场是非常鲜明的,他对剥削和压迫人民的阶级敌人,有着刻骨铭心、咬牙切齿的恨。雷锋在日记中写道:“对待同志要像春天般的温暖,对待工作要像夏天一样的火热,对待个人主义要像秋风扫落叶一样,对待敌人要像严

冬一样残酷无情。”雷锋是一个爱憎分明的战士,是一个充满着斗争精神的模范先锋。

新时代,弘扬雷锋精神,维护中国形象,必须发扬雷锋的斗争精神。首先,要强化斗争意识。在国际交往中,要善于从政治上看问题、善于从国家利益民族利益上看问题,要勇于和损坏中国形象的行为和现象作斗争。其次,要强化斗争本领。特别是要加强讲好中国故事、传播好中国声音的本领,加强传递中国正能量的本领,加强传播中国文化的本领。再次,要明确重点斗争领域。个别西方国家宣扬“中国威胁论”“中国渗透论”“中国谜题论”“中国崩溃论”,我们要针对这些言论,将斗争的重点领域聚焦于对我国进行西分、分化、丑化的政治势力,向国外民众宣传展示我国改革开放以来所取得的巨大成就,展示中国特色社会主义制度的优越性,树立国家的正面形象。最后,要讲究斗争方式。“有理不在声高”,除了“针尖对麦芒”式的直接斗争,我们还要善于采取媒体宣传、文艺作品输出、民间文化交流、旅游“引进来”等多种方式,潜移默化地改变国外民众的偏见和成见。

后　记

为深入学习贯彻党的二十大精神，认真贯彻落实习近平总书记关于弘扬雷锋精神的重要论述，纪念毛泽东等老一辈革命家为雷锋同志题词60周年，继续深化拓展学雷锋活动，2023年3月5日至6日，中共湖南省委联合中国社会科学院、求是杂志社、光明日报社、湖南省军区在长沙市共同举办"2023雷锋精神论坛"。

论坛以"新时代新雷锋"为主题，围绕深刻把握雷锋精神的时代内涵，着力深化研究阐释、加强示范带动、拓展平台载体、形成长效机制等开展深入研讨。开幕式发布了主题宣言，倡议全社会争做新时代新雷锋，把雷锋精神代代传承下去，为全面建设社会主义现代化国家、全面推进中华民族伟大复兴凝聚强大精神力量。湖南省委常委、宣传部部长杨浩东在论坛讲话中强调，新征程上，更好弘扬雷锋精神必须以习近平新时代中国特色社会主义思想为指导，培塑更多新时代新雷锋。同时号召，新时代新雷锋必须做习近平新时代中国特色社会主义思想的忠实信仰者，做积极投身中国式现代化的建设者，做中华优秀传统文化的传承弘扬者，做社会主义核心价值观的模范践行者，做乐于助人热心公益的忘我奉献者。

论坛召开之后，湖南省社会科学院（省人民政府发展研究中心）党组书记、院长（主任）钟君组织专家学者围绕雷锋精神的时代内涵、新时代新雷锋的鲜明特征展开全面深入研究，将新时代新雷锋的鲜明特征拓展为八个方面，即在杨浩东部长讲话内容的基础上增加三个：新时代新雷锋必须做爱岗敬业追求卓越的示范引领者，做乐观自信向往美好生活的不懈奋斗者，做中国形象的积极塑造者。作为“2023雷锋精神论坛”协办单位，湖南省雷锋精神研究会为总结拓展论坛研究成果，由湖南省社会科学院（省人民政府发展研究中心）原副院长（副主任）、湖南省雷锋精神研究会副会长贺培育主持，组织专家学者从前述八个方面对新时代如何与时俱进弘扬雷锋精神进行深入阐述，遂成此书。

全书写作具体分工如下：绪论，谢文风、贺培育；第一章，伍新林；第二章，李晖；第三章，姚选民；第四章，胡守勇、刘心璇；第五章，徐淑芳；第六章，任彧婵、周海燕；第七章，吕若楠；第八章，潘小刚。贺培育、伍新林、潘小刚同时负责审稿统稿工作，湖南省雷锋精神研究会副会长杨艳雄负责组织联络工作。

作　者

2024年3月

图书在版编目（CIP）数据

新时代新雷锋 ： 与时俱进弘扬雷锋精神 / 贺培育等著. -- 湘潭 : 湘潭大学出版社, 2024. 6. -- ISBN 978-7-5687-1470-9

Ⅰ. D64

中国国家版本馆 CIP 数据核字第 2024CF6248 号

新时代新雷锋——与时俱进弘扬雷锋精神

XINSHIDAI XIN LEI FENG——YUSHI-JUJIN HONGYANG LEI FENG JINGSHEN

贺培育 伍新林 潘小刚 等著

责任编辑： 罗 联
封面设计： 李 平
出版发行： 湘潭大学出版社
社　　址： 湖南省湘潭大学工程训练大楼
电　　话： 0731-58298960 0731-58298966（传真）
邮　　编： 411105
网　　址： http://press.xtu.edu.cn/
印　　刷： 长沙鸿和印务有限公司
经　　销： 湖南省新华书店
开　　本： 710 mm×1000 mm 1/16
印　　张： 10.25
字　　数： 162 千字
版　　次： 2024 年 6 月第 1 版
印　　次： 2024 年 6 月第 1 次印刷
书　　号： ISBN 978-7-5687-1470-9
定　　价： 60.00 元